垃圾分类知多少

《垃圾分类知多少》编委会 编

宁波出版社

《垃圾分类知多少》编委会

主任：舒月明　余　宁
编委：蒋和法　朱　斌
　　　马　军　严俏萍
策划：丁耀方　范奕齐
图片统筹：张　路

目录

第一篇　垃圾分类　刻不容缓

02 —— 2050年，人类年产垃圾将达34亿吨

04 —— 太平洋上漂浮着350万吨垃圾

06 —— 城市每天产生多少生活垃圾

08 —— 古代特洛伊城曾被垃圾埋没

09 —— 印度苏拉特鼠疫每小时死一个人

11 —— 虎门垃圾村多人死于癌症

12 —— 垃圾分类后体积减了一半

14 —— "宝贝"被我们当垃圾扔掉

15 —— 分类后的垃圾能被利用

17 —— 日本的垃圾分类细致入微

18 —— 瑞典的饮料瓶有押金

20 —— 本篇小结

第二篇　正确分类　从我做起

24 —— 可回收物分七类

27 —— 塑料制品有回收标志

30 —— 禁止进口洋垃圾

31 —— 厨余垃圾与餐厨垃圾

33 —— 餐厨垃圾喂养家畜会产生同源性污染

34 —— 食用"地沟油"有致癌危险

35 —— 有害垃圾有六类

37 —— 区分疑难垃圾

38 —— 电子产品成分复杂

40 —— 家庭垃圾分类

42 —— 分类后垃圾投放方法

44 —— 拆解组合垃圾

46 —— 本篇小结

第三篇　减少垃圾　人人有责

50 —— 减少家庭生活垃圾的产生

51 —— "光盘行动"减少餐厨垃圾

53 —— 你浪费的食物将被记录

54 —— 零垃圾的生活方式，四年只产生一小瓶垃圾

56 —— 用150万个废旧酒瓶建造寺庙

57 —— 垃圾也能建公园

58 —— 废物利用真的很简单

62 —— 旧雨伞能变废为宝

64 —— 自己动手制作波卡西堆肥

66 —— 让蚯蚓帮我们消灭厨余垃圾

68 —— 本篇小结

第四篇　践行分类　环境更美

72 —— 宁波垃圾分类走在前头

74 —— 能喝咖啡的生活垃圾分类转运站

76 —— 秀丽的垃圾焚烧发电厂

78 —— 废纸的重生

79 —— 废玻璃蜕变成美丽的玻璃球

80 —— 环保燃料的诞生

81 —— 建筑垃圾重新成为砖瓦

82 —— 搭把手智能回收机

83 —— 垃圾分类宣传一枝花

85 —— 垃圾分类义工之星

86 —— 寓教于乐的高级讲师

88 —— 本篇小结

第一篇　垃圾分类　刻不容缓

2050年，人类年产垃圾将达34亿吨

> 2016年，全世界人口总数达74亿多。据预测，到2050年，世界人口将超过97亿，生活垃圾人均日产生量将增加到0.96千克，全球年产生量达34亿吨。如果不科学地处理垃圾，将严重危害人类的生存环境。

联合国下属机构世界银行（http://www.shihang.org/）是联合国经营国际金融业务的专门机构。它致力于寻求在发展中国家减少贫困和建立共享繁荣的可持续之道。世界银行为世界各国，特别是发展中国家提供基础建设贷款。自2000年以来，世界银行已为世界各国和地区340多个垃圾处理项目提供资金，总额超过47亿美元。

世界银行会发布专业和权威的研究报告。行长会亲自参与研究报告的选题，并组织世界一流的专家团队在全球范围内进行实地调研，之后通过互联网广泛征询各方专业人士的意见，最后撰写并出版专题报告。

2012年6月6日，世界银行发布了有关全球城市固体垃圾管理状况的前瞻性报告。该报告认为在未来十几年间，全球城市居民产生的垃圾数量以及处理垃圾所需的成本都将急剧上升。到2025年，垃圾数量将从目前的年均13亿吨增加到年均22亿吨。2018年9月12日，世界银行又发布了一项报告——《垃圾何其多2.0：2050年全球固体废物管理一览》。该报告再次预测，到2050年，生活垃圾人均日产生量将增加到0.96千克，全球年产生量达34亿吨之巨！

实际上，我们很难想象34亿吨垃圾的体积。打个比方，如果堆积一条宽10米、厚3米的双车道公路，那么全球产生的垃圾能堆积多长呢？用3年全球产生的垃圾造这种垃圾公路，公路可以绕地球一

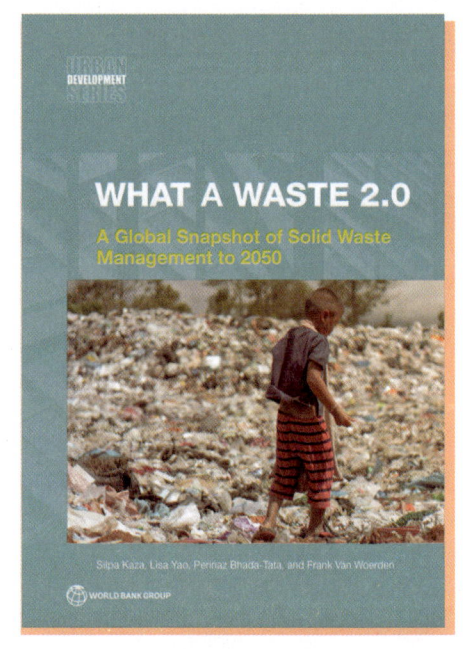

图1-1：世界银行发布报告《垃圾何其多2.0：2050年全球固体废物管理一览》封面

圈；用13年全球产生的垃圾来造这种垃圾公路，公路可从地球直达月球。

如果把垃圾的体积与山来比较，全球60年产生垃圾的总量相当于一座泰山，真可谓"会当凌绝顶，一览众山小"了。全球210年产生垃圾的总量，可以再造一个世界第三极——青藏高原。全球360年产生垃圾的总量，可以造出另一个月球。如果我们能够收集人类430年产生的垃圾，它的体积将和我们生存的整个地球大小相等。

2008年6月，华特迪士尼公司推出了科幻动画片《机器人总动员》（$WALL \cdot E$）。该片由安德鲁·斯坦顿导演，获得了第81届奥斯卡金像奖、第66届金球奖、第36届动画安妮奖、第9届美国电影学会奖等奖项，受到了全世界中小学生的欢迎，成年人也爱看。影片讲述了这样的故事：公元2700年，肆无忌惮的人类将地球家园搞得一团糟，往日的花园、绿地、街道、城镇等全被堆积成山的垃圾所侵占，地球成了一个巨大的垃圾场，甚至到了无法居住的地步。于是，人类只能乘坐宇宙飞船迁移到别的星球，并委托一家机器人垃圾清理公司清除地球上的垃圾，待完毕后再飞回地球定居。科幻故事也不是完全没有根据。如果我们不能行动起来减少垃圾的产生，也许到了2700年，地球真的会成为一个无法居住的垃圾球。

图1-2：《机器人总动员》（$WALL \cdot E$）海报。因为地球被人类祸害成了一个巨大的垃圾场，人类只能离开地球，用机器人WALL·E处理地球上的垃圾

太平洋上漂浮着350万吨垃圾

> 人类将大量的垃圾丢弃到太平洋里，这些垃圾被北太平洋副热带环流形成的旋涡聚集在一起，形成一个巨大的垃圾岛。这个垃圾岛达 343 万平方千米，面积超过欧洲的三分之一，总重量超过 350 万吨，最厚处有 30 多米。

美国有位海军上校叫查尔斯·摩尔。他酷爱帆船运动，退役后与朋友一起组建了帆船队，经常参加各种大型的帆船比赛，并取得了不少好成绩。

1997 年夏天，他在美国夏威夷参加了著名的横渡太平洋帆船比赛。这项比赛赛程长达 3580 千米，从加利福尼亚的圣佩得罗港、圣巴巴拉、巴尔博亚、圣莫尼卡或旧金山等地出发，到夏威夷群岛的瓦胡岛或檀香山，需要航行 10 天左右。比赛结束后，摩尔和队友驾船返回加利福尼亚。常规路线是沿着北太平洋副热带环流的边缘，顺洋流航行。

这一次，为了赶时间，摩尔决定走捷径。当帆船队驾船穿过位于北纬 35°到 42°之间，夏威夷群岛的东北方向，距离加利福尼亚沿海 1610 千米的位置时，他惊讶地发现，他们的船居然驶进了一个巨大的"垃圾堆"里。该处海面漂浮着各种垃圾，尤其是塑料垃圾，他感觉"就像进入了一个恶心的塑料污水池"，"我目光所及全部都是垃圾。瓶盖、包装袋、充气排球……更多的是塑料碎片，它们漂浮在船的四周……我完全找不到一点儿干净的地方"。摩尔的帆船队用了很长时间才从这个巨大的"垃圾堆"里突围出来。

图1-3：太平洋亚热带涡流中心，"垃圾岛"面积达343万平方千米

回来后，摩尔想弄清楚这到底是怎么一回事。于是，他开始热心于海洋环保事业，研究这些垃圾从何而来。1999 年，他在美国加利福尼亚州长岛创立了非营利性环保组织——阿尔加利特海洋研究基金会。该基金会专门从事海洋环境研究。它与其他环保组织合作，经过 10 年调查研究发现，在太平洋亚热带涡流中心，"垃圾岛"面积达 343 万平方千米，面积超过欧洲的三分之一，相当于六个英国的大小。水域中的塑料垃圾与浮游生物的比例达到 6 吨对 1 吨，垃圾层最厚处有 30 多米，垃圾总重量超过 350 万吨。

这里的"垃圾岛"被人戏称为"第八大洲"。据推测，到 2030 年，"垃圾板块"的面积还可能增加 9 倍。

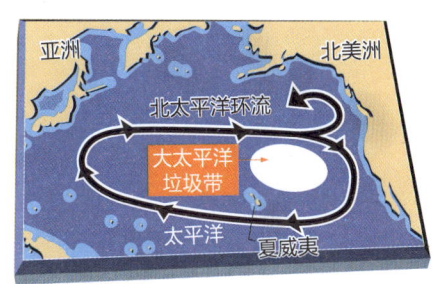

图1-4：太平洋"垃圾岛"的位置

摩尔觉得全球其他环流带也可能会有垃圾污染情况。2010 年初，他筹集资金，在经过充分准备后，带领他的基金会研究人员出发探察全球五大环流。他们在各环流带海域以拖网方式捞取海水中的垃圾。每一次拖网都会捞到不少垃圾，其中塑料垃圾特别多。最终，他们确认在全球的各海洋环流带中，有 2/3 以上的海域已被塑料垃圾侵占，成为塑料垃圾汤。

摩尔和他的阿尔加利特海洋研究基金会研究发现：海洋中的塑料垃圾经过阳光照射，会被慢慢分解成颗粒，这些颗粒会像海绵吸水那样吸收碳氢化合物、杀虫剂等化学毒素。许多颗粒会被吃进海洋生物和鸟的肚子里，通过食物链其影响范围扩大到整个生物圈，辗转进入人体。摩尔说："也许出现在我们餐桌上的大鱼大虾，正是海中那些塑料垃圾的另一种表现形式。"据他们统计，目前已经有 267 种海洋生物受到了这种塑料垃圾的影响。

图1-5：杀死信天翁的海洋垃圾（美国摄影家Chris Jordan作品）

城市每天产生多少生活垃圾

> 随着人口的增加、人们生活水平的提高和生活方式的丰富，宁波的垃圾产生量越来越大。宁波市每天产生的生活垃圾量已达1万多吨。环卫部门处理垃圾的压力越来越大，环卫工人工作越来越辛苦。

宁波中海雍城世家小区有一陈姓居民，瘦瘦的，戴着眼镜，喜欢思考，待人和气。

一天，陈先生吃完晚饭，收拾餐具后准备下楼去附近的公园锻炼身体。他顺手把家里积存的垃圾丢到楼道口的垃圾箱里。到楼道口一看，发现垃圾箱已经满了。陈先生摇摇头，不得已将垃圾放在垃圾箱边上。他叹了一口气说："垃圾越来越多了。"陈先生平时热心公益事业。有一次，他参加了一个名叫"垃圾去哪儿了"的垃圾分类参观活动，参观了宁波生活垃圾焚烧博物馆和宁波市生化处理厂。参观那天，他与同行者被现场堆积如山的垃圾深深震撼，知道了现在生活垃圾大量产生的原因。原来，这些垃圾大多是由商品采用独立包装、过度消费、大量饮用瓶装饮料、普遍使用一次性用品等行为造成的。所以，面对楼道口满满的垃圾箱，他不由得叹了口气。

当晚，陈先生想弄清楚宁波市每天产生的垃圾到底有多少。他上网查找资料，发现2004年，宁波中心城区每天产生的生活垃圾量还不到1000吨，而到2019年1月，宁波市每天产生的生活垃圾量已达1万多吨了，整整增加了10倍多！陈先生是一位货车司机，这勾起了他的职业习惯。他想算算需要多少辆车才能装得下这些垃圾。每天1万多吨

图1-6：宁波大市每天产生的生活垃圾如果用卡车来装，这些卡车首尾相连能从机场路沿中山路排队到东环路

垃圾，按照他驾驶的 2 吨卡车来算，差不多需要装 5000 车，而他驾驶的 2 吨卡车的长度是 4.2 米，5000 辆卡车首尾连接起来，长度会超过 21.5 千米，能从城西的机场路沿中山路排到城东的东环路！

处理这么多垃圾得花多少钱呀？陈先生也想计算清楚。第二天，陈先生电话咨询了在环卫处工作的王先生。王先生告诉他，生活垃圾处置的成本可不低。焚烧一吨垃圾需要投入 100—150 元，宁波目前一年至少要投入 5 亿多元来处理垃圾。

要花这么多钱?! 陈先生简直不敢相信自己的耳朵。晚上，他跟老婆说起此事，在银行工作的妻子给陈先生打了个比方。第五套人民币一张 100 元面值的厚度大约是 0.1 毫米，5 亿元是五百万张 100 元面值的人民币，叠起来的高度为 500 米，相当于 160 层楼，比上海东方明珠还要高。

陈先生记得王先生在电话里跟他说过，宁波产生的垃圾是以每年约 8% 的速度递增的。陈先生用手机粗略地计算了一下，发现 30 年后他退休时，宁波市每天产生的生活垃圾量将会达到惊人的 11 万吨！按生活垃圾每立方米 488.85 千克计算，11 万吨垃圾将达到 22.5 万立方米。如果这些垃圾全堆在标准足球场，足足可以堆到 10 层楼那么高！陈先生被惊得满头大汗，赶紧把结果放在微信群里。他要让大家都知道这事，希望大家都少制造点垃圾。

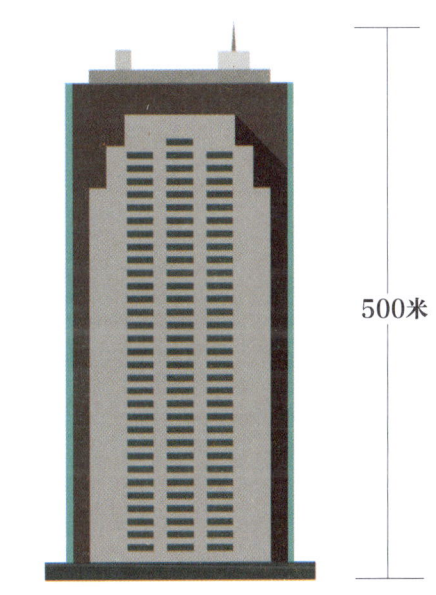

图1-7：5亿元人民币，叠起来相当于160层楼

古代特洛伊城曾被垃圾埋没

> 在古代，虽然垃圾的产生量远不如现代，但是古特洛伊人用填埋的方式处理垃圾，造成地面被垃圾侵占，城市地面越来越高。现代社会中，人们产生的垃圾量更多，如果不加以分类处理而直接填埋，将会侵占更大的土地。

土耳其西北的恰纳卡莱省有个叫希沙立克的地方，处于联结欧亚的枢纽地带。

3000年前，相当于我国春秋战国时期，这里有座城市叫特洛伊。特洛伊国王有个儿子叫帕里斯，长得英俊潇洒、风流倜傥。一天，他去希腊的斯巴达王宫做客，与斯巴达王后一见钟情，二人私奔回了特洛伊城。斯巴达国王麦尼劳斯觉得这是一个奇耻大辱，马上联合了希腊许多小国，集结10万人马，决定用武力消灭特洛伊城。

特洛伊城池牢固、易守难攻，特洛伊人英勇坚守，希腊军队围攻了10年之久还是未能攻下。这时，有个叫奥德修斯的人献上一计，让希腊士兵全部登上战船，制造撤兵的假象，并故意在城前留下一具巨大的木马。特洛伊人以为敌人已退，就把木马作为战利品抬入城中。当晚，正当特洛伊人沉睡的时候，藏在木马腹内的20名希腊士兵偷偷打开城门，希腊将士一拥而入，特洛伊城沦陷。

古代的特洛伊人面对敌人10年强势围攻能英勇坚守，却没有清洁卫生的意识，习惯随手扔垃圾。在街道、公共场所都是如此，甚至在自己的家里也是如此。日积月累，特洛伊城的地面上到处是废弃的物品、动物骨头、牲畜粪便和各种生活垃圾，苍蝇、蚊子滋生，臭气熏天。

当实在受不了垃圾困扰时，当时的人们不是把垃圾清扫干净，而是找来一些干净的泥土，铺在地面上，把垃圾掩盖起来，垃圾多的地方就铺上一层更厚的泥土。年复一年，垃圾一层接一层越来越多，泥土一层接一层越铺越厚，各个家庭甚至整个城市一直在不断重复这样的垃圾处理方法，以至于地面不断增高，最后每个家庭不得不重新开一个高一点的门，甚至不得不将屋顶加高。由于垃圾堆积，特洛伊城像一个少年一样，不断"长高"。

20世纪50年代，从事古特洛伊城挖掘工作的考古学家卡尔·布雷根发现，特洛伊城的人们有个奇怪的生活习惯。古特洛伊城的每一个建筑，都有层次分明的地层，而小心挖开每一层地层，会发现堆满了废弃的用品、动物骨头、牲畜粪便和各种生活垃圾。

图1-8：特洛伊城遗址

1973 年，美国土木工程师查尔斯·古那森，用现代考古技术结合计算机模型对古特洛伊城因垃圾堆积不断"长高"的情况进行研究，推算出古特洛伊城的海拔高度每世纪竟升高 1.5 米，这相当于每 100 年堆积在街道上的垃圾有 140 万吨之多。

印度苏拉特鼠疫每小时死一个人

堆放的垃圾会成为有害生物的巢穴。垃圾含有病原微生物，会为老鼠、鸟类及蚊蝇提供食物和栖息、繁殖的场所，也是传染疾病的根源。因为垃圾处理不当，销声匿迹多年的鼠疫再次在苏拉特爆发。

印度有座港口城市叫苏拉特，在印度西部的古吉拉特邦，位于印度第二大城市孟买北面 250 千米处，西边距著名的坎贝湾 23 千米，处在塔普蒂河口右岸。苏拉特是一个著名的钻石之都，全城有大约 100 万名钻石切割工人，他们切割并打磨了世界上 65% 以上的成品钻石。苏拉特是全球最大的钻石切割中心。

1901 年，一名商人带着一艘满载东非钻石切割刀具的船来到苏拉特，开始经营钻石抛光业务。自此，这座城市的钻石产业拉开帷幕。到 20 世纪 60 年代，当地的企业家开始从南非和非洲大陆的其他地区进口未经加工的毛坯钻石，在苏拉特切割并打磨后出口抛光钻石到比利时的安特卫普，成为当时荷兰贸易的一部分。20 世纪 70 年代初到 80 年代中期，由于美国市场需求旺盛，苏拉特的钻石行业发展迅猛。

但现在的钻石城曾经是印度最脏的城市，许多人住在贫民窟，随手丢弃垃圾，垃圾成堆，随地大小便现象到处可见，臭味熏天。大约只有 46.9% 的家庭有厕所，还有 3.2% 的家庭用公共厕所，剩下的 49.9% 的家庭无厕所可上，大小便全部随地解决。河水肮脏，被各种垃圾严重污染，河面上牲畜尸体、粪便到处都是。苏拉特市每天产生的垃圾多达 1400 吨，而垃圾几乎被随意丢弃在街道、河流、马路边和公园里。

成堆的垃圾成为老鼠繁衍滋生的温床，加上印度的热带气候条件，加快了老鼠的繁殖速度。老鼠生长非常迅速，全年都可生育，多的可以生 8 胎，一胎生 10 多只，一只雌性老鼠一年就可以让其家族的老鼠数目增加到上千只。老鼠是很多疾病的宿主或媒介，已知老鼠向人类传播的疾病有鼠疫、流行性出血热、钩端螺旋体病、斑疹伤寒、蜱传回归热等 57 种。

1994 年 9 月 19 日，遍地垃圾的苏拉特爆发了一场大规模的鼠疫。苏拉特市刚落成不久的医院接收到 30 名病情相似的患者。病人的症状都是高烧不退、咳嗽、打喷嚏、吐血和昏厥。此后，又有更多病人被送进医院。9 月 20 日开始，接连不断地有患者在医院中不治身亡。起初，医生不知道病人患的是可怕的鼠疫病，有人怀疑是饮用水源被投毒，市长还下令切断自来水供应，派专家勘察、化验水源状况。直到被证实是可怕的鼠疫后，人们惊恐万状，仓皇出逃。一时间，成千上万的苏拉特市民从火车站、汽车站、码头逃向印度的四面八方，同时也将鼠疫带向全国各地。不到两周时间，这种可怕的鼠疫被扩散到印度的多个邦。苏拉特市内的商店、市场和影剧院等公共服务场所关门，工厂停工，学校停课。白天，外出的人们或戴着口罩，或用手帕、围巾等捂住口鼻；晚间，人们不敢外出，街上空无一人，死一样的寂静。

鼠疫的突然降临，犹如晴天霹雳。病人实在太多，医院招架不住，纷纷告急。药物供不应求，不少药房已拿不出治病的药品。极度惊恐的市民，纷纷抢购疫苗和抗菌霉素。政府的卫生部门不得不向世界卫生组织和其他国家请求支援，以解燃眉之急。

这次流行的淋巴腺鼠疫，是一种十分可怕的烈性瘟疫。这种瘟疫是由鼠疫杆菌引起的。当一只老鼠死后，携带着大量细菌的鼠蚤便要寻找新的宿主，这样便把疾病传给了健康的鼠群，再由鼠蚤的叮咬而传染给人类。患上鼠疫的病人，轻者引起淋巴炎，重者病原体侵入血液，引发败血症，并患上肺炎，全身发黑，双眼凸出，痛苦地走向死亡。这种疾病传染极快，如不及时扼制，便会迅速蔓延，引起人员的大量死亡。

苏拉特鼠疫因此成为 20 世纪十大自然灾害之一。

图1-9：苏拉特遍地的垃圾成为老鼠繁衍滋生的温床

虎门垃圾村多人死于癌症

> 堆放的垃圾会侵占大量农田。垃圾中的有害成分被雨水冲入地面水体，在垃圾堆放过程中还会产生大量的酸性和碱性有机污染物。垃圾露天堆放会释放大量氨、硫化物等有害气体，严重污染大气环境。

广东省东莞市的虎门镇，是近代"虎门销烟"事件的发生地。虎门镇上有个远丰村，是远近闻名的富裕村，村里每年都有分红。阿英就生活在这个村子里。丈夫朴实勤劳，管理着一个养殖场，她也在村里的工厂上班。女儿已经长大成人，一家人生活幸福美满。但自从她的丈夫不幸得了癌症，家里就每况愈下。为了给丈夫治病，她花去了家里所有的积蓄。为了照顾丈夫，她辞去了工作，生活越来越窘迫，最后只能卖掉新房子，在老房子里度日。因为没钱修缮房子，老房子渐渐变成危房，女儿出嫁那天，厨房居然还塌了下来。

她的丈夫被确诊患的是食道癌晚期。"从医院把他接回家里后，他再也吃不了东西，从 120 斤瘦到了 80 斤。我们都知道他撑不了多久，但没想到连九天都撑不过去。走的时候，他才 48 岁。"阿英永远忘不了那个晚上。她正在厨房做菜，突然传来丈夫阿辉急促而嘶哑的喊叫："阿英！阿英！"她快步跑到卧室。只见瘦削的男人正张开口大力喘气，猛喘几下就停止了呼吸。她悲痛欲绝，大声哭喊。

远丰村是一个仅有 400 多个村民的小村落。从 2003 年至 2013 年，竟有 12 人死于癌症。专家确认癌症的高发与村后的那座"垃圾山"有关。这座"垃圾山"位于半山腰上，堆满了生活垃圾。自 1995 年起，整个虎门镇的生活垃圾都堆置在此。一到夏天，整个村都能闻到阵阵恶臭，尤其起风的时候，每家每户都不得不关窗避臭。

图1-10：虎门远丰村垃圾填埋场流出的污水呈黑色

远丰村癌症高发的原因主要是环境受到污染，堆置的垃圾产生大量酸性和碱性有毒物质。由于长时间的堆放，垃圾腐烂霉变，释放出大量含硫等物质的有毒气体，粉尘和细小颗粒物随风飞扬，致使空气中二氧化硫、悬浮颗粒物超标。呼吸道疾病发病率升高，对人体构成致癌隐患。

垃圾分类后体积减了一半

> 垃圾中可回收的资源占 60%。垃圾只有经过分类后，有用的资源才可加以利用。如回收纸张能够制造再生纸，减少对森林的采伐；回收果皮蔬菜等生物垃圾，可作为绿色肥料。这样，要处理的垃圾量就会大大减少。

上海市长宁区天山西路有一座商务楼，地处上海临空经济区的中心，周边有联合利华、博世、统一、联强国际、爱立信、携程、神州数码、史泰博等多家世界 500 强知名企业，并临近地铁 2 号线，距虹桥交通枢纽仅 10 千米。

因为地理位置好，商务楼的出租率达到 100%。商务楼里有 19 家租户，约 2800 名员工在楼内办公。这些员工每天都会产生很多生活垃圾。商务楼专门设有一个垃圾房，多名清洁工人负责清理垃圾。每天清运大量垃圾，清洁工人的工作量很大。

"垃圾分类以后，垃圾体积竟减少了近一半。"物业经理陈先生算了一笔"体积账"：分类前，除有害垃圾外，其他三类垃圾都混合投放，大厦每天需要清运约 25 桶垃圾。分类后，四种垃圾各归其位，堆放的垃圾密度提高了，湿垃圾装满一桶约 80 公斤，干垃圾一桶最多能装下 25 公斤。可回收物体积最大，一桶净重约 20 公斤。每天清运的垃圾的总重量不变，但是体积减少到 13 桶左右。"如同人们健身塑形降低体脂，在总重量基本不变的情况下，分类后的垃圾体积减小了 40% 以上。"陈先生如是说。

陈先生这样理解：各种垃圾大小不一、形状各异，如果混装在一起，相互之间会有许多间隙产生，整体密度小、体积大；垃圾分类后，同一垃圾容器里装的是同一种垃圾，垃圾密度大了、体积小了，可以减少垃圾桶的使用量。这样既可节约购置垃圾桶的成本，又可减少装运垃圾的车辆，还减少了保洁工人的工作量。

自从实行垃圾分类以后，商务楼对垃圾房进行了改造。垃圾房被分为两片区域，有雨篷的一侧整齐竖立着近 20 个形态各异的塑料桶。黑色方形桶是干垃圾桶，蓝色方形桶用来放可回收物，红色方形桶里可放灯管、墨盒等有害垃圾，胖鼓鼓的棕色圆形桶放湿垃圾。没有雨篷的一侧用来堆放零星建筑装修垃圾。改造后的垃圾房变得更加干净整洁了。

现在，各楼层、各租户的生活垃圾基本分好了类，商务楼垃圾房再对生活垃圾进行二次分拣、归类。比如：可回收纸箱上的胶带要撕掉；大棒骨要放到干垃圾桶里；一次性纸杯不能回收，要从可回收物中找出来；湿垃圾需要进行破袋处理，就是将包裹湿垃圾的垃圾袋割破，将垃圾袋放入干垃圾桶里；彩色的外卖盒属于干垃圾，不能与白色或透明的塑料盒一同归入可回收物。

当垃圾房里的有害垃圾装满一桶后，物业会联系相关单位清运处置。每天凌晨 5 时，上海西联环境卫生服务有限公司的垃圾清运车会准时到达，运走干垃圾，干垃圾会被运到焚烧厂进行焚烧发电。湿垃圾在每天凌晨 3 时由上海环洁环保科技有限公司派出的专用车辆运走，运到专门的堆场进行堆肥，可以产生出高效的生物肥料。可回收物每天下午 3 时由上海新锦华公司负责清运，按类别送去回收制作工业原料。"现在垃圾房的环境是：能坐在门口喝咖啡。"陈先生骄傲地说。

图1-11：商务楼垃圾经分类以后体积减小了近一半

"宝贝"被我们当垃圾扔掉

> 垃圾中的塑料造粒后可制造新的塑料制品。垃圾中的金属冶炼后可制造新的用具。垃圾中的纸、木制品可用来造纸。垃圾中的有机物可以制成有机肥料。垃圾中的碎玻璃熔化后可再生产玻璃……

宁波市蓝青学校开设了一门 STEAM 课程,是融合科学、技术、工程、艺术、数学多学科的综合教育课程,让同学们以学科整合的方式认识世界,像科学家、工程师一样思考问题、探索问题、解决问题,培养他们解决复杂问题的综合创新能力。这一课程受到了同学们的欢迎。

垃圾分类是当今社会的热门话题。参加蓝青学校 STEAM 课程的小轩同学向我们讲述了他所在小组最新的研究成果:许多"宝贝"被我们当作垃圾丢掉,太可惜了。他说,我们日常生活中用到的牙膏和肥皂,在打开包装后,我们常常会随手将包装物丢进其他垃圾箱里。牙膏壳属于其他垃圾,纸盒包装可以回收。我们觉得,纸盒包装虽然是可回收物,但小东西不值钱,没必要去分类,习惯于将它们丢弃在其他垃圾箱里。但我们所不知道的是,积少成多,被当作其他垃圾丢弃的可回收物累积起来的价值很可观。

图1-12:蓝青学校STEAM课堂

小轩所在小组在老师的带领下,以 2018 年浙江省 5‰人口变动抽样调查为依据,得到宁波 820 万常住人口的家庭数量、城乡构成、性别构成、年龄构成等数据,通过调查、走访、网上搜索、查找图书资料等方式收集相关资料,按一定的数学模型设计计算机程序进行运算,算出了被丢掉的"宝贝"数量。

按他们的研究结果,如果垃圾不分类,宁波市每年丢弃 759.8 吨牙膏纸盒和牙膏壳,181.9 吨肥皂纸盒,相当于随手扔掉 645 吨好纸!而这些废纸可以挽救整整 545 立方米的木材!

蓝青学校的同学们还研究了身边的浪费现象。同学们如果不分类收集用过的废纸，包括用过的旧书，会是严重的浪费，并且对环境造成很大的影响。如果你能收集废纸，相当于你在拯救大树、保护环境；如果你随便丢弃废纸，相当于你在砍伐树木。

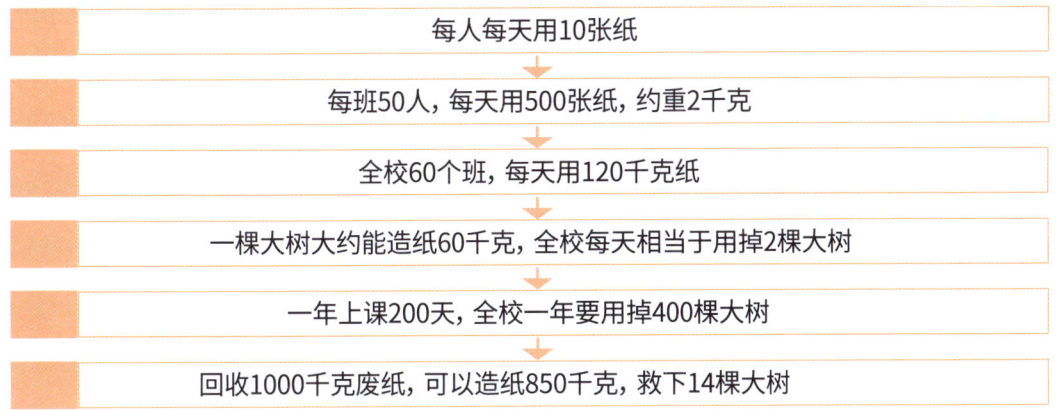

收集并合理处置可回收物，可以减少环境污染，节约能源，还可以产生可观的经济效益。所以，我们平时一定要养成良好的习惯，不能因为不起眼而丢弃可回收物。收集可回收物等于我们在为保护生存环境出力。

分类后的垃圾能被利用

> 垃圾焚烧发电不仅可以减少填埋，节约大量土地资源，而且也减少了填埋垃圾对地下水和大气的污染。垃圾焚烧发电产生的电力可用于生产和生活需要。垃圾焚烧后的炉渣还可以用来制砖。

没有分类的垃圾如进行填埋和堆放处理，会占用大量土地。每 15 万吨的垃圾堆放约占地 1 万平方米。据《中国建设报》2014 年 8 月 18 日报道，我国城市垃圾堆场占地面积达 5 亿平方米，并以每年 8% 的速度增长，而城市垃圾处理量增速仅为 3.3%，所以城市垃圾历年累积存量高达 80 多亿吨。这些积存的垃圾都放在露天垃圾堆和垃圾填埋场，总共侵占了我们近 80 万亩土地。

对垃圾进行分类处理后,除了有害垃圾,其他各个类别的垃圾都会有不同的用处,可以分别送往不同的工厂处理。可回收物可进行回收循环利用,变废为宝,大量节约宝贵的资源,保护我们的环境。厨余垃圾经过加工处理后成为有机肥料或用于制造沼气发电,产生更多的经济效益。而剩下的其他垃圾则用来进行焚烧发电。垃圾经过分类后,能得到有效利用,可减少填埋,节约了大批土地;也不会因为垃圾影响环境,危害人们的健康;更能通过废物利用,减少资源浪费,产生经济效益,真是一举多得。

其他垃圾的焚烧发电是对垃圾进行减量化、资源化、无害化处理的首选技术。目前世界上建有很多垃圾焚烧发电厂。垃圾焚烧发电技术起源于19世纪末。20世纪70年代后,由于垃圾中可燃物的增加和工业技术水平不断提高,垃圾焚烧技术迅速发展,焚烧处理技术日趋成熟。在三十年内,几乎所有发达国家和中等发达国家都建设了不同规模、不同数量的垃圾焚烧厂。近年来,在国家产业政策的支持下,我国垃圾焚烧技术得到了迅速发展,垃圾焚烧发电处理在我国呈现出迅猛增长的势头。

2014年,位于白峰镇长浦村的光大环保能源有限公司垃圾焚烧发电厂建成投产,这是宁波一家较大的垃圾焚烧发电厂。该垃圾焚烧发电厂项目投资5.6亿元,总装机规模为37兆瓦,项目设计日处理垃圾量为1500吨。一期已经装机运行规模25兆瓦,日处理量1000吨,年上网电量1亿多千瓦时,相当于节约了10588吨标准煤。

光大环保能源焚烧发电厂既是一座垃圾焚烧厂,又是浙江省工业旅游示范基地,已有3万余名游客来此参观访问。这家以处理生活垃圾焚烧发电为主业的企业,在青山和大海怀抱中,仿佛是一个生态驿站。进入厂区后,游客发现工厂整洁干净,环境优美。厂区里有高大的办公楼、绿色植物,甚至还有水池和喷泉。它不仅每天对北仑、鄞州等地的生活垃圾进行减量化、资源化、无害化综合处理,同时还是市民了解垃圾处理、接受环保教育的重要基地,是浙江省工业旅游的示范基地之一。公司投资120余万元,利用主厂房建设环保科普展厅、垃圾焚烧发电设备参观廊道、垃圾收运体系及垃圾分类展厅等,宣传环保科普知识,大力开展公益活动,积极接纳社会团体参观,让来访群众对生活垃圾处理工艺流程有直观的了解。

图1-13:光大国际(北仑)生活垃圾焚烧发电厂

日本的垃圾分类细致入微

> 日本的生活垃圾分类可以说是国际上做得最好的。分类后,垃圾直接从家里被送到垃圾清理车,清理车又很快将垃圾送到处理厂,垃圾中转的过程非常短,中间不设垃圾站。这样既节省建设垃圾站的土地,又避免了垃圾因腐烂散发出有害气体。

日本从 1980 年就开始实行垃圾分类回收,如今已经成为世界上垃圾分类回收做得最好的国家。目前,日本每年人均垃圾生产量只有 410 公斤,为世界最低。更重要的是,垃圾分类投放已经成为日本国民的一种自觉行为,即使没人监督也会严格执行。

太郎是日本一所小学的三年级学生。每周三早上 8 点半,太郎出门去上学。今天是可燃垃圾回收日,妈妈将家里的可燃垃圾收拾一下,拎着垃圾与太郎一起出门倒垃圾去。太郎紧紧跟在妈妈后面,因为他知道,如果错过今天的垃圾收集车,那么可燃垃圾要等下周三才能处理了。

图1-14:日本按规定的日期和时间在规定的场所由地方政府回收垃圾

太郎比较喜欢上午的课,他听得很认真。作为四年级前的小学生,他们不用考试,也没有作业。午餐时间到了。下课铃一响,学校厨房工作人员送来了饭菜,太郎与同学们一起在教室排队领取午餐。午餐是一小碗米饭、一小碟煮菜、一小碗肉菜混合浓汤、一份水果和一盒牛奶。

吃完了午餐,太郎检查了一下,没有饭粒掉在桌面上,又看看碗里,也干干净净的。他很满意,吃了水果,接着用吸管认真地喝牛奶。他反复吸吮,不让牛奶剩下一滴。他知道老师是不会让同学们浪费食物的。然后,他在水槽里洗完餐具,小心地拆开牛奶盒,连同吸管用水冲洗了一下。牛奶盒容易冲洗干净。教室窗户边上有一个大盘子,是小朋友用来集中晾干牛奶盒和吸管的地方。太郎仔细地将牛奶盒与吸管分开放好。最后,他跑出教室,去厨房门口排队送还餐具。

下午 3 点后,太郎就没有文化课了。他很喜欢漫画,报名参加了绘画课外兴趣学习。学完绘画,他和小伙伴们踏上了回家的路。太郎感到有点口渴,他拐进了旁边的便利店,买了一瓶小瓶装饮料,一口气喝完了。然后他在洗手间,打开水龙头简单地冲洗了一下瓶子,小心倒干水,撕掉饮料瓶标签,用脚将瓶子彻底踩扁。在便利店门口,他找

18　垃圾分类知多少

到塑料瓶回收箱，将瓶子、瓶盖、标签纸分别放进不同的回收箱里。

在家门口，太郎碰到了正在挨家挨户分发垃圾投放"年历"的环卫部门的叔叔。太郎接了一张，上面的字他大部分都认识：有害垃圾、塑料瓶类、可回收塑料、资源垃圾、其他塑料、大型垃圾等等。爸爸还手把手地教过太郎，如何处理一个香烟盒：塑料外包装、中间的纸盒子、里面的铝箔要分别放在家里不同的垃圾袋里。

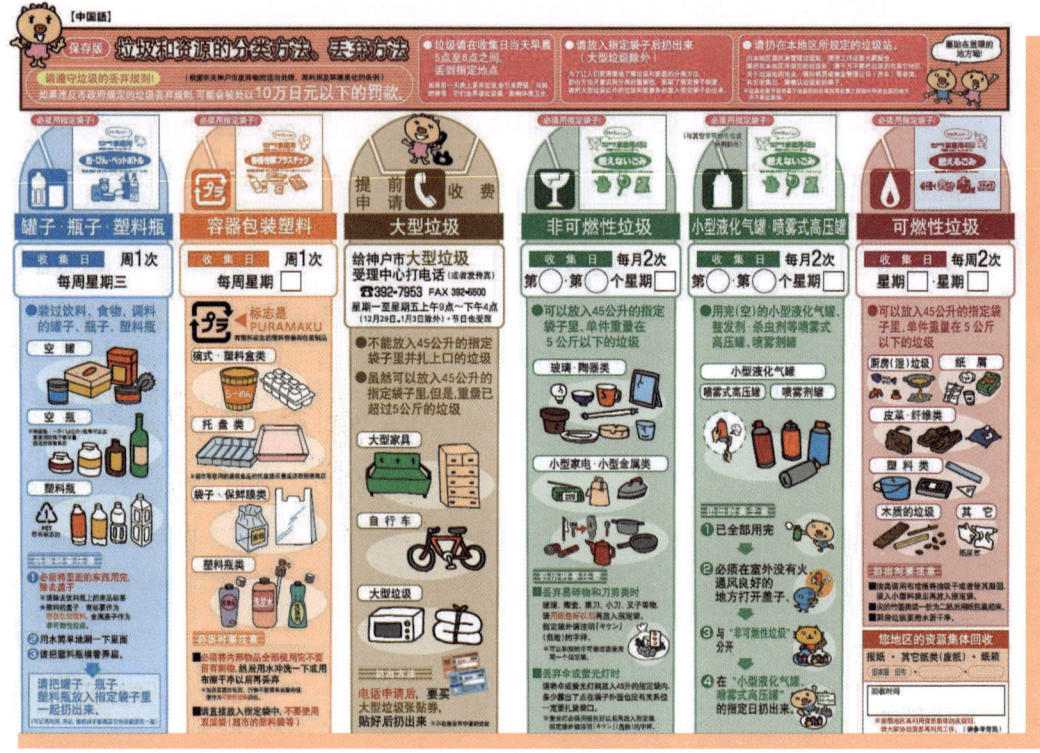

图1-15：日本兵库县神户市垃圾分类手册（中文版）

瑞典的饮料瓶有押金

瑞典的垃圾回收率高达 99%，是其他国家不能相比的，其中最关键的是家庭垃圾分类做得好。瑞典有 36% 的垃圾被回收使用，14% 的垃圾用作肥料，49% 的垃圾作为能源被焚烧，只有1% 无法利用。

1940 年，欧美国家制罐技术飞跃发展，开始发售用铝罐装的啤酒。它比玻璃瓶更容易堆放、运输和携带，其重量也相对较轻，不容易破碎，但是开罐非常不方便。直到 1959 年，美国俄亥俄州帝顿市的工程师艾马尔·克林安·弗雷兹发明了易拉罐，即用罐盖本身的材料，加工形成一个铆钉，再套上一拉环并铆紧，配以相适应的刻痕，成为一个完整的罐盖。这是一次开启方式的革命，给人们带来了极大的方便，很快被市场接受。到了 1980 年，欧美市场全都采用了铝罐作为啤酒和碳酸饮料的包装形式。

在瑞典，人们非常重视包括易拉罐在内的饮料瓶回收。周末逛超市时，经常能看到瑞典人带着几大袋空饮料瓶去回收的"盛况"。在瑞典，饮料售价里包含押金费用。根据易拉罐和塑料瓶的大小、材质等，押金从 1 瑞典克朗到 2 瑞典克朗不等（折合人民币约为 8 角到 1 元 5 角），在瓶身都会标示瓶子的回收价格是多少，例如"PANT 1KR"，"PANT"是瑞典语"瓶子"的意思，"1KR"表示 1 瑞典克朗。只要将喝完饮料的空易拉罐或塑料瓶投入超市自动回收机，回收机就会自动吐出收据，然后按照收据上的金额到收银台兑换现金。

图1-16：押金为1瑞典克朗的易拉罐

1984 年，瑞典颁布实施《铝制饮料瓶回收利用法》，首次以立法形式确立对易拉罐的回收管理办法，是世界上最早实行易拉罐押金回收制的国家。10 年以后，他们又开始实施塑料饮料瓶押金回收制度。

瑞典所有瓶子回收业务都承包给了一家瑞典国有控股的叫作里图帕克的私营公司。该公司的一家叫潘塔梅拉的子公司专门负责回收饮料瓶。潘塔梅拉公司在商场、运动场、大型公司、饭店、咖啡店等各类场所设立自动回收机。每隔一段时间，潘塔梅拉公司的回收车就会从回收机中运回瓶子，经过分类、压扁、打包后，交给饮料生产商，由生产商送到工厂重新加工成产品。

押金回收制度使瑞典人对退还瓶子收回押金已习以为常。2017 年的数据表明，瑞典在这一年一共销售了 21.7 亿个饮料包装（塑料瓶和易拉罐），回收了 18.5 亿个，回收率高达 85%，相当于平均每个瑞典人一年回收了 185 个瓶子。而这些饮料瓶的回收相当于 1.7 万吨铝和 2 万吨塑料被再次循环利用。

■ 本篇小结

■ 要点回顾

人类生活垃圾的大量产生日益影响环境。
垃圾严重危害人们的身心健康。
垃圾只有分类处理才能解决问题。
国外有许多垃圾分类经验。

■ 问题讨论

1. 为什么说越是经济发达的地区，人均垃圾产量就越高？
2. 为什么在环流带海域会出现"垃圾岛"？
3. 垃圾对人体的危害表现在哪几个方面？
4. 为什么没有分类的垃圾不能进行焚烧发电？
5. 喝完牛奶后，空牛奶盒要怎样处理才可以回收？

■ 社会实践

测一测：你居住的小区单元楼每日人均垃圾产生量

我们已经知道了垃圾分类刻不容缓。找一个周末，我们来进行一项社会实践活动：测量一下我们所居住的住宅小区单元楼人均垃圾产生量。

第一步，准备工具。
卷尺、手套、纸、笔和闹钟（设在凌晨 5 时响铃）。
第二步，测量楼下垃圾桶的尺寸。
戴上手套，用卷尺量出垃圾桶的长度（L）和宽度（W），以米为单位记下。
第三步，测量垃圾的高度。
凌晨，闹钟响起时迅速起床，赶在环卫工人收集垃圾之前到楼下放置垃圾桶处，戴上手套，用卷尺分别量出其他垃圾桶和厨余垃圾桶桶内垃圾的高度，记为 QH 和 ZH，同样以米为单位记下。

第四步,估算垃圾的重量。

其他垃圾的密度约为 200 千克/立方米,厨余垃圾的密度约为 500 千克/立方米,垃圾桶近似长方体。按公式计算出垃圾的大致重量:$G = (L \times W \times QH) \times 200 + (L \times W \times ZH) \times 500$,单位为千克。

第五步,统计小区单元楼人数。

在爸爸和妈妈及其他长辈的帮助下,统计小区单元楼所有居住的人数(S)。如果统计有困难,可按浙江省户均 2.99 人来计算人数。

第六步,计算每天人均垃圾的产生量。

按公式 $X = G/S$ 计算,单位为千克/(人·天)。

第七步,评估打分。

利用下面的表格,评估一下你居住的小区单元楼每日人均垃圾产生量。

图1-17:塑料垃圾桶

星级	千克/(人·天)
★★★★★	0.5
★★★★	0.9
★★★	1.3
★★	1.7
★	2.1
差	2.5

第二篇　正确分类　从我做起

可回收物分七类

> 可回收物是可以再生循环利用的资源。可再利用的有纸类、玻璃、塑料、金属、人造合成材料等,生活用品中包括纸张、纸盒、塑料瓶、塑料盒、玻璃用品、金属用具等皆可回收。这些生活用品回收前须清理干净。

可回收物是一个大家庭,由七个小家庭组成。它们分别是废纸、塑料、玻璃、金属、织物、废电器电子产品和大件垃圾。每个家庭的特色不同,我们需要仔细辨认。

废纸一家指纸做的物品,如废弃报纸、废纸盒、纸箱、纸板、利乐包、不直接接触药品的纸质外包装等。

说到纸,造纸术是我国的四大发明之一。东汉元兴元年(公元 105 年),蔡伦在前人基础上改进了造纸术,用树皮、麻头及敝布、渔网等原料,经过挫、捣、炒、烘等工艺制造出纸。这种纸原料易得、便宜,质量也提高了,老百姓开始普遍使用。为纪念蔡伦的功绩,后人把这种纸叫作"蔡侯纸"。蔡伦的造纸术对人类文化的传播和世界文明的进步做出了杰出的贡献。

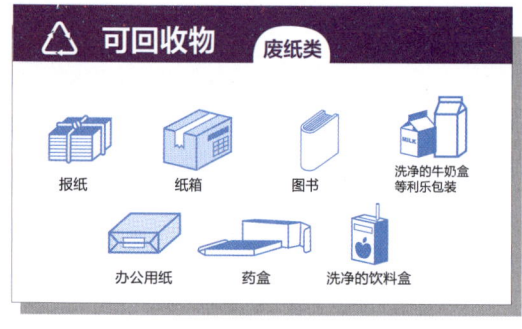

图 2-1:废纸类可回收物

图 2-2:塑料类可回收物

塑料一家的人口最多,材料是塑料,有塑料收纳箱、塑料盒、塑料容器(化妆品、洗护用品、食品饮料等容器)、塑料盆、塑料饭盒、塑料杯、塑料玩具(雪花片、乐高、塑料车、海洋球等)、塑料花架、泡沫填充物、笔的外壳、塑料文件夹、文件盒、文件套、塑料画笔、画板、相框(画框)、塑料衣架、塑料挂钩、U 盘、硬盘、网线、光盘、磁带、磁盘、唱片、充电头等。

塑料是以单体为原料，通过技术手段聚合而成的高分子化合物。第一种完全合成的塑料出自美籍比利时人列奥·亨德里克·贝克兰。1907年7月14日，他注册了塑料的专利。他很幸运，因为有一位叫詹姆斯·斯温伯恩的英国人比他更早发明了塑料，但这位英国人比较拖拉，结果晚了一天去注册，专利已经被列奥·亨德里克·贝克兰拥有了。为此，英国人詹姆斯·斯温伯恩非常后悔。

玻璃一家人口少些，它们的共同特征是都由玻璃制造，如平板玻璃、玻璃容器（化妆品、清洗用品、食品等容器）、玻璃饭盒、玻璃杯、玻璃弹珠等。

3000多年前，一艘欧洲腓尼基人的商船，航行在地中海沿岸的贝鲁斯河上。由于海水落潮，商船搁浅了。于是，船员们纷纷下船到沙滩上休息。午餐时分，船员们从船上抬下了锅，搬来木柴，并用几块船上装载的晶体矿物"天然苏打"作为大锅的支架，在沙滩上做起饭来。船员们吃完饭，潮水开始上涨了。他们正准备收拾一下登船继续航行时，突然有人高喊："大家快来看啊，锅下面的沙地上有一些晶莹明亮、闪闪发光的东西！"

原来，这些闪光的东西，是他们做饭时用来支锅的天然苏打，在火焰的作用下，与沙滩上的石英砂发生化学反应而产生的物质，这就是最早的玻璃。后来，腓尼基人掌握了用特制的炉子将石英砂和天然苏打混合在一起熔化后制成玻璃球的方法。如今，玻璃已成为日常生活、生产和科学技术领域的重要材料。

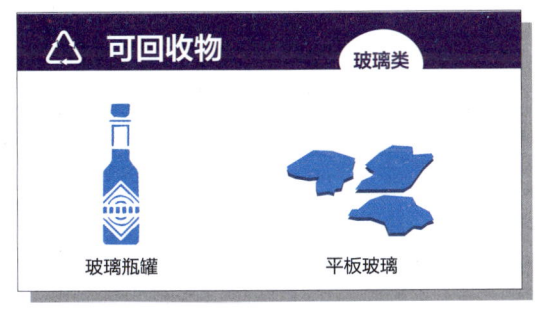

图2-3：玻璃类可回收物

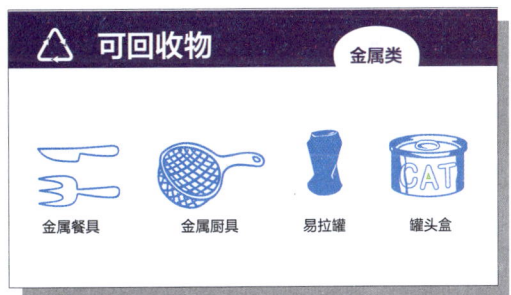

图2-4：金属类可回收物

金属一家人口也不多。它们都是由各种金属制成的，比较好辨认，有金属容器（化妆品、洗护用品、食品饮料等容器）、金属盆、金属饭盒、保温杯、保温壶、金属餐具炊具（碗筷、汤勺、碟子、刀、锅、烤盘、烧烤架）、杠铃、哑铃、金属衣架、手电筒、自行车（车铃、车篮）、晾衣竿、毛巾架、金属花架、园艺工具、螺丝、螺帽、榔头、电钻、卷尺、锁、钥匙、铰链、脚踏车、滑板车、金属相框（画框）、票夹、美工刀、金属挂钩、金属登山杖等。

金属在自然界中广泛存在，在生活中的应用极为普遍，是现代工业中非常重要和应用最多的一类物质。属于金属的物质有金、银、铜、铁、锰、锌等。以下知识你得知道：地壳中含量最高的金属元素是铝，人体中含量最高的金属元素是钙，目前世界年产量最高的金属是铁，密度最小的金属是锂，密度最大的金属是锇，最硬的金属是铬，最软的金属是铯，熔点最高的金属是钨，熔点最低的金属是汞。

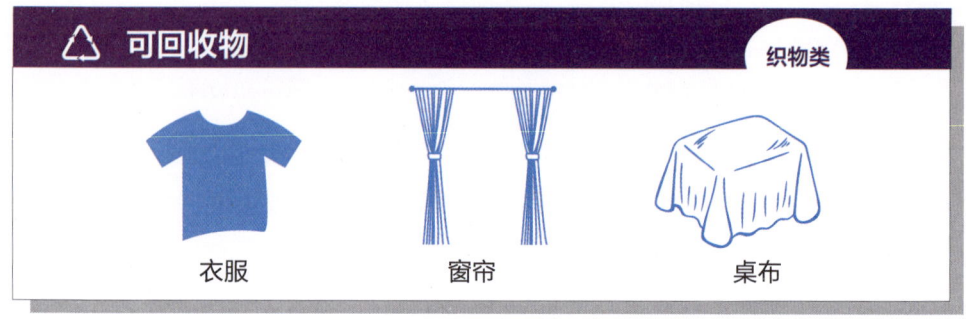

图2-5：织物类可回收物

织物一家人口也不多。它们都是纺织品，有床单、纯棉或涤纶窗帘、围巾、围脖、纯棉类和涤纶类的衣物、无纺布及帆布材质的包和手提袋、羽绒衣等。

织物即纺织品，是纺织纤维经过加工织造而成的一种产品，分为梭织布和针织布两大类。中国是世界上最早生产纺织品的国家之一，主要产地是浙江杭州濮院、河北清河等地。

明朝永乐皇帝为了壮大明朝声威，想在山海关上竖起一面大旗。但山海关上风沙极大，用一般丝绸制作的旗帜几天就被风撕裂，为此永乐皇帝命大臣把十几种最好的丝绸拿出来，用一把锋利的宝剑在绸布表面水平刮动，想找出最好的丝绸。其他的丝绸只刮了一个来回，有的起了毛，有的裂了缝，唯有濮院丝绸刮了三个来回才稍稍起了点毛，于是永乐皇帝就下令用濮院丝绸制作大旗。濮院丝绸果然不负众望，制成的大旗不仅能较长久耐风沙袭击，而且艳丽的色彩也经久不变，让永乐皇帝非常满意。濮院丝绸因此声名愈著，被人称为"天下第一绸"。

废电器电子产品一家成分比较复杂，由许多元件组成，需要经过专业拆解才能按材料回收，如电冰箱、空调、吸油烟机、洗衣机、电热水器、燃气热水器、打印机、复印机、传真机、电视机、监视器、微型计算机（台式计算机、平板电脑、掌上电脑）、移动通信手持机、电话单机等。

大件垃圾一家成员最少、体积最大，包括床、床垫、沙发、橱柜、桌椅、门窗等。

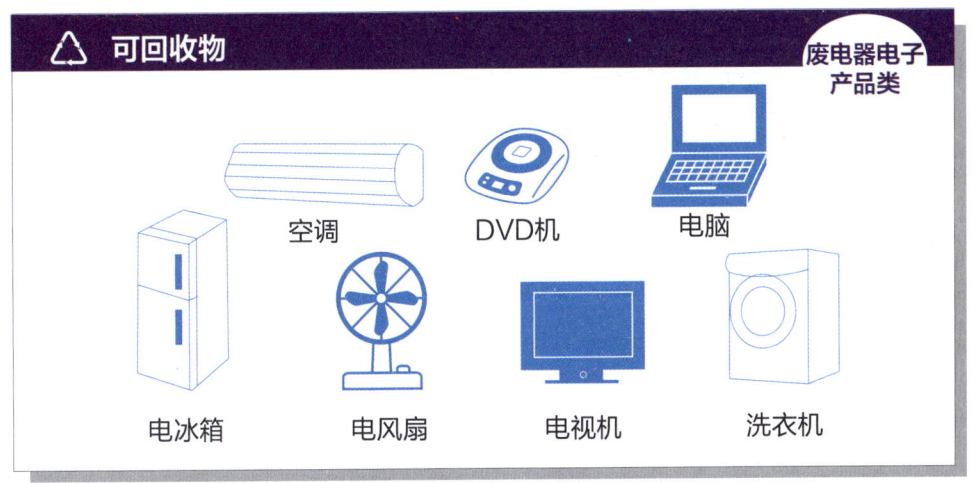

图2-6：废电器电子产品类可回收物

塑料制品有回收标志

> 塑料制品一般在底部印有回收标志。三角形图案代表可回收利用，三角形里边有数字，每个数字代表一种塑料材料。它们在使用上有不同的禁忌，在回收利用时也要分门别类，才能各取所需。

杉姗在垃圾分类课上学到了一种神秘的知识，放学一回到家，她就开始学以致用，结果发现这个知识用处真的很大。

外婆喜欢跳广场舞，日常很节俭，常常把使用过的饮料瓶当作茶杯，装满热茶带去跳舞。杉姗检查了饮料瓶，严肃地告诉奶奶，这样做是不对的。因为饮料瓶底有 1 号 PET 标志，说明这种塑料加热至 70℃就会变形，会有对人体有害的物质溶出，用了 10 个月后，就会释放出致癌物 DEHP。如果装酒、油等物质，更容易使内部的有害物质溶出。奶奶听了吓了一跳，赶紧把瓶子丢进可回收物桶里。

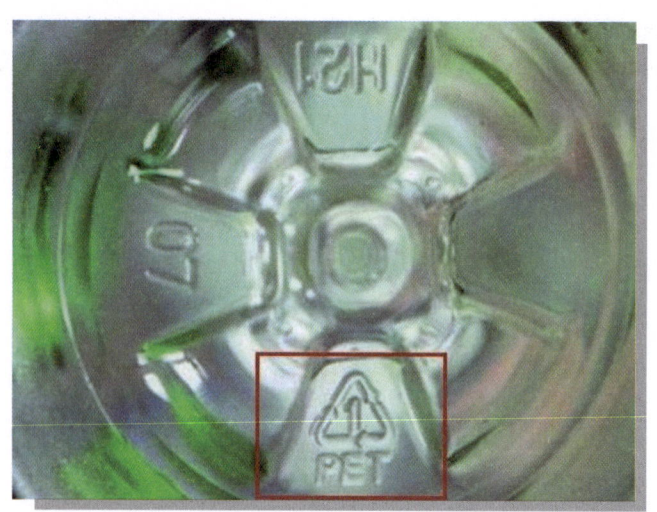

图2-7：有PET标志的饮料瓶

杉姗还发现，妈妈在准备用微波炉加热的菜上面盖了一层保鲜膜，杉姗马上阻止妈妈。她让妈妈看看保鲜膜盒子上写着 PE，即 4 号 LDPE 塑料，并告诉妈妈 4 号塑料遇高温会产生有毒物质，这种有毒物随食物进入人体后，可能引起乳腺癌、新生儿先天缺陷等疾病，所以保鲜膜不能进微波炉。妈妈也感到问题严重，立即拿掉了保鲜膜。

图2-8：有PE标志的保鲜膜

图2-9：有PS标志的快餐盒

一会儿，爸爸从外面回来，顺便从餐厅打包买回来一碗红烧肉，那是杉姗的最爱。爸爸知道情况后，也让杉姗检查一下装红烧肉的快餐盒是不是可以放进微波炉中加热。杉姗检查了一下快餐盒底下的回收标志，是 6 号 PS，这种塑料是不能放进微波炉的，会因温度过高而释出致癌化学物。爸爸赶紧换了玻璃碗去热红烧肉。

那么杉姗在学校里所学的这种神秘的知识是什么呢？它叫"塑料制品回收标识"，是由美国塑料工业协会于1988年制定的。它要求厂家在塑料容器底部标示塑料的材质，以方便按材质进行回收利用。目前，我国并没有像一些发达国家那样以回收标志来区分回收塑料垃圾，但随着垃圾分类的普及和人们环保意识的增强，相信在不久的将来，我国的塑料垃圾也会以回收标志来进行分类。因为只有分种类进行回收，才能按材质制作出不同的新的塑料用品，不会混在一起而降低品质，塑料垃圾的利用效益才会更高。

常见塑料材质与特性表

塑料材质回收辨识码	材质	特性	常见产品	耐热温度（℃）	再利用制品
PET 01	聚乙烯对苯二甲酸酯	硬度韧性佳、质轻、不挥发、耐酸碱	宝特瓶、市售饮料瓶	60—85	假发、拉链、聚酯布料
HDPE 02	高密度聚乙烯	耐腐蚀、耐酸碱	塑料袋、半透明或不透明的塑料瓶	90—110	垃圾桶、工具箱
PVC 03	聚氯乙烯	可塑性高	保鲜膜、鸡蛋盒	60—80	人造皮、防火建材
LDPE 04	低密度聚乙烯	耐腐蚀、耐酸碱	塑料袋、半透明或不透明的塑料瓶	70—90	塑料袋
PP 05	聚丙烯	耐酸碱、耐化学物质、耐碰撞、耐高温	水杯、布丁盒、豆浆瓶	100—140	垃圾桶、工具箱
PS 06	聚苯乙烯	吸水性低、安定性佳	冰激凌盒、泡面碗	70—90	相机外壳、衣架、CD盒
OTHER 07	其他	随材质而不定			无

表2-1：常见塑料材质与特性表

禁止进口洋垃圾

> 洋垃圾，也叫固体废物。从 1995 年到 2016 年的 20 年间，中国的年固体废物进口量翻了十倍。回收利用的洋垃圾可以作为工业原材料，但同时，洋垃圾中夹带着有害物、病菌，处理过程中还会产生大量有毒物，影响了我国的环境。

我国为什么要从国外进口洋垃圾？

我国是从 1996 年开始从国外进口洋垃圾的。当时，我国制造业刚起步，需要大量的工业原材料，而当时国内塑料原料、造纸原料、橡胶原料比较匮乏，直接进口国外原生环保材料又较贵，也没有这么多的外汇。于是，通过适度进口洋垃圾，再回收利用，以补充工业原料的不足。比如，进口的国外废塑料垃圾，不仅价格低廉，而且不少废塑料经过处理后，仍能保持相当好的加工性能。我国的合成树脂产能供应有限，很大部分要靠进口废塑料来弥补需求缺口。

图2-10：洋垃圾通过船只装运到我国港口

为什么现在我国又要禁止进口洋垃圾呢？

随着进口洋垃圾数量的增加，它所造成的环境问题越来越严重。进口洋垃圾在堆放、拆解过程中，重金属和有机物会严重污染土壤和水体，并在二次加工中再次对大气、水、土壤产生污染。经二次加工后丧失循环利用价值的残渣部分会成为难以处理的有毒物，往往任意倾倒和焚烧，使当地的环境受到有毒重金属的严重危害，垃圾燃烧后的有害烟尘粉末也会在空气、土壤和水流中扩散。过去十多年，我国接收着全球 56% 的洋垃圾，仅 2016 年，中国进口垃圾的总值就超过 180 亿美元。大量的洋垃圾对我国环境造成严重的危害。

我国是如何禁止进口洋垃圾的呢？

2017年7月18日，中国正式通知世界贸易组织，从2017年年底开始，中国将不再接收外来垃圾，包括废弃塑胶、纸类、炉渣与纺织品。2017年7月27日，国务院办公厅印发了《禁止洋垃圾入境推进固体废物进口管理制度改革实施方案》。2018年3月，生态环境部召开第一次部常务会议，审议并原则通过《关于全面落实〈禁止洋垃圾入境推进固体废物进口管理制度改革实施方案〉2018—2020年行动方案》《进口固体废物加工利用企业环境违法问题专项督查行动方案（2018年）》和《垃圾焚烧发电行业达标排放专项整治行动方案》，将大幅减少固体废物进口种类和数量，力争到2020年年底前基本实现固体废物零进口。

海关如何打击洋垃圾走私活动？

2018年3月至12月，全国海关组织开展打击洋垃圾走私"蓝天2018"专项行动，重点打击以伪报瞒报品名、夹藏等方式，以及通过海上、陆路边境非设关地偷运走私洋垃圾违法活动。通过集中专项打击，全力侦办一批废物走私大案，铲除一批废物走私团伙，斩断一批废物走私通道及链条，坚决将洋垃圾拦截在国门之外。通过五轮次高密度、集群式、全链条集中打击，共刑事立案481起，查证走私废塑料、废矿渣、废五金等各类涉案洋垃圾155万吨。固体废物进口下降46.5%，切实维护了国家环境安全。

厨余垃圾与餐厨垃圾

> 厨余垃圾与餐厨垃圾的主要特点是有机物含量丰富、水分含量高。经过妥善处理和加工，厨余垃圾可转化为新的资源。高有机物含量的特点使其可作为肥料、饲料，也可产生沼气用作燃料或发电，油脂部分则可用于制备生物燃料。

与吃相关的垃圾主要有厨余垃圾和餐厨垃圾。与其他垃圾不一样的是，厨余垃圾和餐厨垃圾一日三餐都有可能产生，而且往往是湿的，分量比较重。

厨余垃圾家族成员分散在各家各户以及农贸市场、农产品批发市场，主要有以下几种。

食材废料：谷物及其加工食品（米、米饭、面、面包、豆类），肉蛋及其加工食品（鸡、鸭、猪、牛、羊、蛋、动物内脏、腊肉、午餐肉、蛋壳），水产及其加工食品（鱼、鱼鳞、虾、虾壳、鱿鱼），蔬菜（绿叶菜、根茎蔬菜、菌菇）以及废弃的食用油脂。

剩菜剩饭：剩菜剩饭，鱼骨、碎骨、茶叶渣、咖啡渣等食物残渣。

废弃食品调料：糕饼、糖果、坚果等零食，各式罐头食品内容物，奶粉、面粉、面包粉、糖、香料等各式粉末状可食用品，果酱、番茄酱等各式调味品，宠物饲料等。

瓜皮果核：水果果肉，水果果皮（西瓜皮、橘子皮、苹果皮），水果茎枝（葡萄枝），果实果核。

花卉落叶：花卉、盆栽植物的残枝落叶。

图2-11：厨余垃圾

图2-12：餐厨垃圾收运车

餐厨垃圾家族集中在企事业单位食堂、学校食堂、餐饮行业和食品加工行业，有油、水、果皮、蔬菜、米、面、鱼、肉、骨头等，基本产生自食物加工下脚料和食用残余，但在现实生活中由于源头分类质量不高，往往还夹带有牙签、废餐具、塑料瓶、酒瓶、纸巾等多种杂物。

目前，分类出的厨余垃圾和餐厨垃圾主要采用厌氧发酵技术进行资源化利用和无害化处理，其中主要的资源化产品为沼气、粗油脂和有机土等。同时，也有用蝇蛆等生物转化技术对餐厨垃圾和厨余垃圾进行资源化利用和无害化处理。宁波市中心城区自2006年开始集中处置餐厨垃圾以来，截止到2019年年底，已累计收运、处置餐厨垃圾近120万吨，提炼工业油脂近2.5万吨，利用沼气近1700万立方米，是国内较早实现餐厨垃圾无害化、减量化和资源化的城市之一。

图2-13：餐厨垃圾的组成

餐厨垃圾喂养家畜会产生同源性污染

> 餐厨垃圾有机物含量丰富、水分含量高,但用来喂养家畜会产生同源性污染。所谓同源性污染是指动物食用以其同类动物的肉、骨、血液等动物组织生产的动物源性饲料,产生的潜在的、不确定的传播疾病风险。

利用饭店、宾馆、餐厅、食堂产生的餐厨垃圾饲喂的猪,称为"泔水猪"。这些餐厨剩饭剩菜和垃圾未经无害化处理直接喂猪,会造成猪长得慢、肉质差、发病死淘率高等问题。据有关资料显示,用餐厨垃圾喂养的猪发病率比正常饲养的猪高 30% 到 50%。"泔水猪"不但容易感染沙门氏杆菌、大肠杆菌等引起的 10 多种传染病,而且由于病原体寄生在猪的体内繁衍,还可造成多种人畜共患病。

由于餐厨垃圾中的肉类蛋白以及动物性的脂肪类物质来自牲畜家禽,家畜直接食用餐厨垃圾后,容易产生"同类相食"的同源性污染。人们如果食用这种家畜的肉,会造成人畜之间疫病的交叉传染,更会促进某些致命疾病的快速传播和大范围传播,危害人体的健康。

图2-14: "泔水猪"的同源性污染

1985 年 4 月,在英国发现了一种新病,叫疯牛病,之后这种病迅速蔓延,波及世界很多国家。英国每年有成千上万头牛因患这种病导致精神错乱、痴呆,不久后死亡。后经过医学家研究证实,牛患的疯牛病是痒病传到牛身上所致。痒病是绵羊所患的一种致命的慢性神经性机能病。英国常用动物的肉、骨、血液等动物组织生产动物骨粉,作为牛的饲料,牛就是因为食用了动物源性饲料而患上疯牛病的。

食用感染了疯牛病的牛肉及其制品的人也会被感染。疯牛病传染给人,引起一种病死率极高的神经退化病——新型克雅病,症状为痴呆或精神错乱、视觉模糊、平衡障碍、肌肉收缩等,病人最终因精神错乱而死亡。截至 2004 年,英国境内已有 147 人因疯牛病而死亡。英国的一位科学家警告说:因疯牛病死亡的人数还会逐年上升。因为"人类疯牛病"潜伏期最长可达 30 年之久,得病初期很难被发现。目前疯牛病波及很多国家,如法国、爱尔兰、加拿大、丹麦、葡萄牙、瑞士、阿曼和德国,亚洲的韩国、日本也受到波及,受影响的国家达 100 多个。

食用"地沟油"有致癌危险

> "地沟油"中含有黄曲霉素、苯并芘等有毒物质。人们一旦食用"地沟油",体内的白细胞和消化道黏膜会遭到破坏,引起食物中毒,严重的甚至致癌。

2011年3月,重庆市九龙坡区走马镇灯塔村的一个废弃的养猪场里,几个陌生男子频繁出入。他们搬来锅炉、砌起灶台,每天烧煮从村外拉回的餐厨垃圾。4月20日,走马镇派出所民警获悉后,在养猪场内抓获6人,由此破获西南地区最大规模"地沟油"案件。

经重庆警方调查发现,从餐厨垃圾里烧煮提取的"地沟油",已经辗转重庆、四川等正规食用油生产企业,流入油脂批发市场,按不同比例掺进正品食用油,最后上到餐桌。公安部将此案列为"4·20"专案挂牌督办,警方顺藤摸瓜,揭开当地"地沟油"的黑色产业链,侦破西南地区最大规模制售"地沟油"案,查实涉案"地沟油"2000余吨,案值1700余万元,抓获涉案人员84人。如果看到地沟油的生产环境和销售链条,相信同学们一定会震惊。为什么这些不法商人的行为会如此恶劣,难道他们没有想过自己和家人也可能吃到"地沟油"吗?

"地沟油"是将下水道中的油腻漂浮物或者宾馆、酒楼的剩饭剩菜(通称泔水)经过简单加工而提炼出的油。在炼制"地沟油"的过程中,动植物油经污染后发生酸败、氧化和分解等一系列化学变化,产生对人体有重毒性的砷。"地沟油"中还含有大量细菌、真菌等有害微生物,更含有黄曲霉素、苯并芘等有致癌危险的物质,会对人们的身体健康造成极大的危害。

图2-15:从餐厨垃圾里烧煮提取的"地沟油"

图2-16:"地沟油"流向百姓餐桌

我们要学会通过感官鉴别"地沟油",主要方法是看、闻、尝、听、问。

一、看

看透明度。纯净的植物油呈透明状,而"地沟油"由于在生产过程中混入了碱脂、蜡质、杂质等物,透明度会下降;看色泽。纯净的油为无色,而"地沟油"由于在生产过程中油料中的色素溶于油中,油会带色;看沉淀物。"地沟油"会有许多杂质沉淀。

二、闻

每种油都有各自独特的气味。可以在手掌上滴一两滴油,双手合拢摩擦,发热时仔细闻其气味。有异味的油,说明质量有问题,有臭味的很可能就是"地沟油";若闻到矿物油的气味更不能食用。

三、尝

用筷子取一滴油,仔细品尝其味道。口感带酸味的油是不合格产品,有焦苦味的油已发生酸败,有异味的油可能是"地沟油"。

四、听

取油层底部的油一两滴,涂在易燃的纸片上,点燃并听其响声。燃烧正常无响声的是合格产品;燃烧不正常且发出"吱吱"声音的,水分超标,是不合格产品;燃烧时发出"噼叭"爆炸声,表明油的含水量严重超标,而且有可能是"地沟油",绝对不能食用。

五、问

问商家的进货渠道,必要时索要进货发票或查看当地食品卫生监督部门的抽样检测报告。

有害垃圾有六类

> 有害垃圾容易造成环境污染,需要进行分类收集、贮运并特殊处置。根据《国家危险废物名录》,对人体健康和自然环境会造成直接或潜在危害的,且应当专门处置的废弃物为有害垃圾。

认识有害垃圾非常重要。乱丢有害垃圾会对环境造成现实危害或潜在危害,影响人体健康。经过环保部门确定的有害垃圾有六类。

一、废家用医护用品：废药品及其内包装，废含汞温度计、含汞血压计。

二、废油漆、溶剂及其包装物：废油漆、废笔芯，废硒鼓、墨盒及其包装物，废杀虫剂、消毒剂，废清洁剂、空调清洗剂及其包装物。

三、废矿物油及其包装物：废发动机油、制动器油、自动变速器油、齿轮油等废润滑油及其包装物，沾染废矿物油的抹布、手套等。

四、废胶片及废相纸：废 X 光片、CT 光片等感光胶片，废相纸、底片。

五、废荧光灯管：废日光灯管、荧光灯管、节能灯。

六、废电池和电路板：废铅蓄电池、充电电池（含汞、镍氢、镍镉）、纽扣电池，废移动电源，废电路板。

图2-17：有害垃圾

有害垃圾的危害很大。两只普通节能灯约含有 1 毫克汞，这些汞如果渗入水源，就会造成 360 吨的水污染；一粒纽扣电池则可使 600 吨水受到污染。当汞在水中被水生物食用后，会转化成甲基汞，鱼虾、贝类也由此被污染了。这些被污染的鱼虾、贝类通过食物链又进入动物和人类的体内。甲基汞进入人体，被肠胃吸收，侵害脑部和身体其他部分。进入脑部的甲基汞会使脑萎缩，侵害神经细胞，破坏掌握身体平衡的小脑和知觉系统。

日本熊本县水俣湾有个被诸岛围起来的内海，海产丰富，是渔民们赖以生存的主要渔场。1956 年，水俣湾附近发现了一种奇怪的病。这种病症最初出现在猫身上，被称为"猫舞蹈症"。病猫步态不稳、抽搐、肢体麻痹，甚至跳海死去，被称为"自杀猫"。随后不久，此地发现了患这种病症的人。患者由于脑中枢神经和末梢神经被侵害，症状表现为轻者口齿不清、步履蹒跚、面部痴呆、手足麻痹、感觉障碍、视觉丧失、身体震颤、手足变形，重者精神失常，或酣睡，或兴奋，身体弯弓高叫，直至死亡。这种"怪病"就是后来轰动世界的"水俣病"，这个事件被称为世界八大公害事件之一。

后来查明，是日本氮肥公司在这里建厂，将没有经过任何处理的含有大量汞的废水排放到水俣湾中所致。水俣湾里的鱼虾、贝类被汞污染了，也导致食用了鱼虾、贝类的鸟、猫等生物大量死亡，有的地方甚至连猫都绝迹了。

孕妇吃了被汞污染的海产品后，会引起婴儿患先天性水俣病，这是汞侵入脑神经细胞而引起的一种综合性疾病。患先天性水俣病的婴儿会出现不同程度的瘫痪和智力障碍，轻者表现为生长缓慢，重者从发病起三个月内死亡。

大多数药品过期后容易分解、蒸发，散发出有毒气体，造成室内外环境污染，严重时还会对人体呼吸道产生危害。过期药品同样会对土壤和水源造成污染，并且一些特殊性质的药物，如强致敏性、挥发性药物，对环境的污染程度更严重。一旦流入不法商贩之手，还会流转回市场。人们使用了过期药品，轻则可能贻误治疗时机，引起其他的健康损害，重则甚至威胁生命安全，造成严重的后果。

区分疑难垃圾

> 垃圾分类的具体标准是根据社会经济发展水平、生活垃圾特征和利用处置需要综合而定的，是动态的，也会随着实际的需要不断调整。疑难垃圾往往处于类别的边界而难以区分，但只要我们明白其中的道理，就能采取恰当的行动。

受到污染的可回收物会影响资源的再生，不能再进行回收利用，均是其他垃圾。

照片、复写纸、复写收据单、自粘便笺纸等，它们的成分复杂，再生处理时异物不能被充分排除，会影响到废纸再利用，所以没有回收的意义，是其他垃圾。

日常在家煮汤剩下的大骨头，也就是大棒骨，因非常难降解腐蚀，所以也属于其他垃圾。

普通一次性碱性电池，就是我们常用的一号、五号、七号等干电池，目前已基本实现无汞化生产，也属于其他垃圾。

卫生纸、面纸巾、厨房纸，因为纸纤维遇水易断裂，没有回收价值，即使是全新没有用过的，也属于其他垃圾。

黑色塑料袋本来就是低端废弃塑料加工而成，不具备再次回收利用的价值，属于其他垃圾。

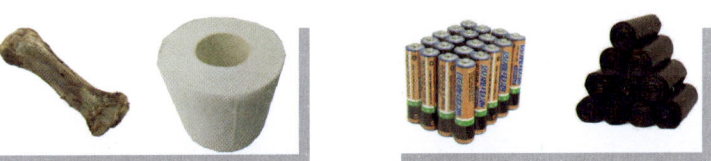

图2-18："特殊"的其他垃圾

一次性纸杯属于其他垃圾。因为它们的表面附上了一层防止渗水的塑料薄膜，不易与纸分离，影响废纸制作纸浆，不能用来制作新纸。

而装牛奶等饮料的利乐包，是一种由纸、铝箔和聚乙烯塑料复合而成的材料，其中长纤维优质纸浆、铝和塑料的含量分别约为75%、5%和20%，通过回收再利用技术，能够把消费后的利乐包变废为宝，制作成丰富多样的日用品、建筑材料和生产材料，所以它是可回收物。

淡菜壳、花蛤壳、海瓜子壳等，是由软体动物的一种特殊腺细胞的分泌物所形成的保护身体柔软部分的钙化物，难分解腐烂，是其他垃圾。

鸡蛋壳的基本成分也是钙化物，但它比较薄，且蛋白质含量为15%~17%，并含有微量元素（锌、铜、锰、铁、硒等），易腐败，可以用于堆肥，是厨余垃圾。

椰子壳、榴梿壳等，虽然表皮以木质素为主，但里面也有有机质成分，可以腐烂分解，属于厨余垃圾。

鞋子一般由塑料、橡胶等多种材质构成，难以分解利用，属于其他垃圾。

牙刷、塑料花盆等是由两种或两种以上材料组成且通过物理手段难以分离的复合材料物品，归属其他垃圾。

毛绒玩具、棉被、内衣裤、袜子、鞋垫、帽子、手套、口罩等是可利用物，但因为其利用价值低、经济效益差，不宜再生利用，归属其他垃圾。

电子产品成分复杂

> 电子垃圾蕴藏着众多珍贵的资源，若能对电子废物进行循环利用，可以部分解决资源紧缺等问题。电子垃圾品种及类型复杂，其中半数以上的材料对人体有害，有一些甚至是剧毒的，需要谨慎处理。

电子垃圾主要包括电冰箱、空调、洗衣机、电视机等家用电器，以及计算机、手机等通信电子产品的淘汰品，其中许多电子垃圾所含材料比较复杂。一些废旧电子产品中含有对环境危害比较大的物质，如电脑、电视机显像管内含有铅，电脑中有一半元件含有砷、汞和其他有害物质，手机的原材料中有砷、镉、铅以及其他多种累积性的有毒物质等，打印机中有黑色或彩色的油墨、碳粉等。

电子垃圾的外壳一般为铁制、塑制、钢制或铝制，因此，可从电子垃圾中回收塑料和铁、钢、铝等金属，进行二次利用。电视机和显示器中的显像管含有玻璃，可进行大量的玻璃回收。显像管上的偏转线圈是铜制的，可进行铜的回收。废旧空调、制冷器具中的蒸发器、冷凝器含有高精度的铝和铜，可进行大量的回收。

含有电动机（包括空调中的压缩机、各种风扇）的电子器具，由于电动机是由铁壳、磁体、铜制绕组组成，可以进行铁、磁体、铜的回收。大部分的废旧电子器具都有电子线路板，其包含大量废电子元件，由金属锡焊接在线路板上，可以采用专门的设备进行大量的锡、铁、铜、铝的回收。

大部分电子器具具有机械结构，一般为铁制或塑制、钢制等，可进行大量回收。为了加强导电性，电脑板卡的金手指上或CPU的管脚上一般都有金涂层，可由特种设备进行黄金的回收。

电脑的硬盘盘体由优质铝合金制成，可进行回收利用。连接废弃物的大量异种材料等（如电线、电缆的铜芯和绝缘外层等），可进行相应的塑料、铝、铜等材料回收。通信工具大量使用电池，一般为锂或镍氢电池，可以回收。

广东省汕头市潮阳区贵屿镇，曾被称为"电子垃圾拆解第一镇"，是全国最大的废旧电子电器拆解基地和再生五金塑料的集散地。2004年至2006年是电子垃圾分解的鼎盛时期。全镇80%的家庭都参与到该行业当中，并通过这个行业迅速积累财富。

图2-19： 贵屿镇村民在拆解废旧电子电器

当地人由此获得丰厚收益的同时也面临着极为严重的污染威胁。大量运送至此的电子设备，被人工拆分出铁、铜、塑料、电路板等部分，然后用碳火炉烤熔出电路板上的零件。如果有黄金等贵重金属，就用硫酸"洗金"。"洗金"过程中，会挥发出大量蒸汽状酸性气体，从很远的地方都能看到酸雾。"洗金"产生的废水倒入河流，拆解后废弃的垃圾余物（包括有毒物质）则被燃烧、填埋或随意丢弃，对当地环境造成了不可估量的破坏。空中弥漫着刺鼻的气味，乌黑的河面上四处漂着垃圾，地表水、地下水均因重度污染而无法饮用，贵屿镇被外媒形容为"世界最毒地"。

当地卫生院通过对贵屿镇下辖村村民进行体检发现，全村 80% 以上的中小学生患有呼吸道疾病，相当数量的贵屿镇儿童患有铅中毒症，有 5 名学生患有血癌。这与电路板碎裂产生的铅灰以及提炼金属所带来的污染不无关系。

家庭垃圾分类

家庭垃圾分类原则：有害垃圾单独放，可以回收的卖掉，厨余垃圾与其他垃圾分开。

住在城市里的小菡家生活垃圾分类做得非常到位。

家中偶尔会有一些换下来的旧荧光灯管、纽扣电池、过期的药品等，爸爸会第一时间放到小区的有害垃圾桶里。

平时家里会有一些旧报纸、旧书、塑料瓶、易拉罐、泡沫盒、纸箱等，这些都是小菡的"最爱"。不用爸爸说，小菡一发现可回收物，就会跑到小区里的搭把手智能回收机放置点。在回收机上输入自己的账号，选择需要投递的垃圾类别，搭把手智能回收机就会自动打开对应的箱门，然后按照箱子上的分类进行投放。因为智能箱体会根据重量或者数量，按照一定的市场价格返现。小菡下载了搭把手 App，并注册成为会员，所以投放垃圾获得的收益就统统流入小菡的会员账户。达到一定金额后，账户中的钱就可以提现到银行卡或者微信账户。

图2-20: 学生们正在使用搭把手智能回收机

妈妈在厨房里摆放了厨余垃圾桶和其他垃圾桶。择菜、洗菜后的垃圾,以及餐后产生的菜叶、瓜皮、果壳、茶叶渣、剩饭剩菜等都投放到厨余垃圾桶里。其他垃圾桶用来放置餐巾纸、食物的外包装等。小菡有时会忘记将果皮放进厨余垃圾桶里,妈妈会提醒她,因为这两个垃圾桶是由妈妈负责的。

在客厅里设立的其他垃圾桶,是由小菡负责的。日常生活产生的其他垃圾,如纸巾、大棒骨、塑料袋、扫地灰尘等,都投入其他垃圾桶里。每天上学时,小菡会把这些垃圾投到楼下的其他垃圾箱里。

换季的时候,妈妈会仔细洗净、晾干家里的旧衣物,装进袋子后投放到小区里的旧衣物回收箱。听说旧衣物会由慈善志愿者们一件件分拣,统一晾晒和消毒,部分捐献给西藏、青海等地的贫困群众,部分捐给边远山区的贫困户。实在无法消毒或破旧得不能再穿的衣物,就打碎后统一制成再生产品,出售获利后再购买米、面、油分发给贫困户。

图2-21: 小区里的旧衣物回收箱

分类后垃圾投放方法

> 正确投放垃圾的口诀是：找位置、认标志、丢袋子、盖盖子。先弄清楚不同区域放置的是什么类型的垃圾桶，找到垃圾桶后要根据垃圾分类标志投放垃圾，投放完垃圾后不要忘记盖上垃圾桶的盖子。

学会垃圾分类后，还要知道各类垃圾到哪里投放和投放到哪个垃圾桶。小蕊同学在学校进行了垃圾分类的系统培训，她很愿意跟大家分享学到的方法。

第一步，小蕊同学先带你来认认标准色。所谓标准色，一般是指企业为塑造独特的形象而使用的某一特定的色彩或一组色彩，用在企业的产品、广告、包装、手册等上面，通过色彩特有的知觉刺激与心理反应达到传播和识别效果。垃圾分类的标准色，是利用人们对于色彩的感知、辨识的认知效应，赋予色彩以设定的指示意义，方便人们记忆。宁波市垃圾分类标准色为：

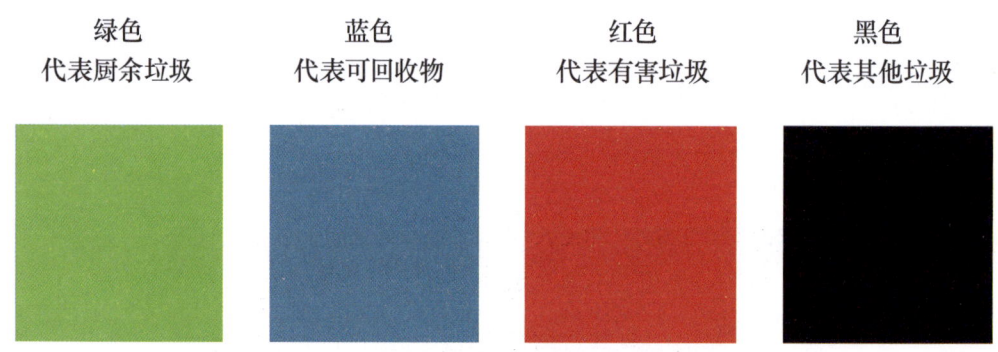

图2-22： 宁波市垃圾分类标准色

第二步，小蕊再带你认识宁波市垃圾分类图标。

可回收物图标是一个循环的三角形箭头，简单明了。

厨余垃圾图标由一个果核、一根鱼刺以及半个鸡蛋壳组成，很容易辨认。

有害垃圾图标上面是一棵单叶的小苗，下面是一个很明显的叉，代表会对生命与环境造成伤害。

其他垃圾图标也是一个三角形，不过只有两个向下的箭头，代表不能再循环利用了。

图2-23： 宁波市垃圾分类图标

第三步，小蕊告诉你，如何在不同的场所找到不同种类的垃圾桶。

在宁波居住小区，每个小区和村镇设有厨余垃圾桶、可回收物桶、有害垃圾桶、其他垃圾桶四类，还会依条件设立旧衣服回收箱、搭把手智能回收机。

在学校、企事业单位，每个办公室会设立可回收物桶和其他垃圾桶两类。每个单位还会集中定点设置厨余垃圾桶和有害垃圾桶两类。

在学校，每个教室里会设立可回收物桶和其他垃圾桶两类。每个学校集中定点设置厨余垃圾桶、可回收物桶、有害垃圾桶、其他垃圾桶四类，有些学校也会设立搭把手智能回收机。

在公共场所，一般会看到由可回收物桶和其他垃圾桶组成的组合垃圾箱。

图2-24： 马路边上的组合垃圾箱

小蕊还特别强调，垃圾一定要正确投放。

1. 投放前。纸类应尽量叠放整齐，避免揉成团；瓶罐类物品应尽可能将容器内产品用尽，清理干净后投放。

2. 投放时。应按垃圾分类标志的提示，分别投放到指定的地点和容器中。玻璃类物品应小心轻放，以免破损。

3. 投放后。应注意盖好垃圾桶盖，以免垃圾散发臭气，蚊蝇滋生，污染周围环境。

拆解组合垃圾

> 组合垃圾由几种不同材质的物品组合而成。在投入不同的垃圾箱前，需要对垃圾进行简单的处理，将不同的材质进行分离，并分类投放。所以，垃圾分类也是一种"技术活"，要学会拆解组合垃圾。

口香糖属于什么垃圾呢？口香糖虽然是用来吃的，但并不是厨余垃圾。口香糖里含有橡胶成分，橡胶属于其他垃圾。究竟扔到哪个桶才是正确的呢？其实，嚼过的口香糖很难进行再生循环利用，属于其他垃圾，所以应该扔到其他垃圾桶里。口香糖的外包装是纸，里面的包装纸由纸和锡箔组成，成分比较复杂，不能回收，所以也属于其他垃圾。

图2-25：口香糖垃圾成分复杂

纸杯也是组合垃圾，纸杯的杯体涂有防水层，不容易分离制作纸浆，所以不能回收，属于其他垃圾。一次性杯盖、搅拌棒和吸管虽然是塑料做的，但已经受到污染，属于其他垃圾。另外，防烫杯套是纸质的，如果没有被污染，则是可回收物，应该投入可回收物桶内。

塑料制作的饮料瓶是可回收物。投放时应该按照以下两步操作：1. 打开瓶盖倒空瓶内液体，并用清水洗一下瓶内。2. 用脚踩扁，排出瓶内空气，并拧上瓶盖，放入可回收物桶。回收的塑料先要变成塑料颗粒状再生料，再放入注塑机压制成各种新的塑料用具。如果其中混有污渍，新制造的塑料用具就会有杂色，所以瓶内要干净。将瓶子踩扁是为了减少体积便于运输。

图2-26：压扁的塑料瓶

没有喝完茶的一次性纸杯应该扔到哪种垃圾桶里？我们知道，一次性纸杯因为涂有防水层，很难与纸分离，应该投入其他垃圾桶。杯内残留茶水，我们应该分步操作：先把残余茶水倒掉，再将里面的茶渣投放到厨余垃圾桶，最后将一次性纸杯投入其他垃圾桶。

图2-27：没有喝完茶的一次性纸杯

用黑色塑料袋装的枯花残枝应该扔哪个桶？花草的残枝落叶和蔬菜残余属于同一类型的垃圾，即厨余垃圾，所以，应当扔到厨余垃圾桶里。黑色塑料袋属于其他垃圾，所以应该分开投放：先将枯花残枝倒入厨余垃圾桶，再将黑色塑料袋投入其他垃圾桶。

过期药品应该投放到哪里？过期药品属于有害垃圾，但药品的纸盒、说明书未直接接触药品，属于可回收物，所以先将药品的纸盒、说明书投入可回收物桶，后将里面的药物连同直接接触药品的包装投入有害垃圾桶。

普通中性笔用完了，应该怎么投放？笔芯属于其他垃圾，废旧笔杆部分一般由塑料制作，属于可回收物。

本篇小结

■ 要点回顾

记住垃圾分类标准,认识各类垃圾。
垃圾处理不当、垃圾不分类和乱丢垃圾会对环境、对人类造成严重的危害。
从我做起,积极参与垃圾分类,掌握垃圾的正确投放方法。
学会对成分复杂的垃圾进行分解和分类。

■ 问题讨论

1. 可回收物有哪几类?
2. 处理空饮料瓶有哪几步?
3. 如果塑料杯底部印有5号PP字样,可否放入微波炉加热?
4. 为什么政府一定要统一回收餐厨垃圾?
5. 垃圾分类从我做起,你应该怎么做?

■ 社会实践

管一管:你居住的小区单元楼垃圾分类工作

垃圾分类从我做起。作为中学生,我们不仅自己要做好垃圾分类,还要做好垃圾分类的宣传工作,带动家长一起来践行垃圾分类。从身边的小事做起,协助小区开展垃圾分类工作。利用双休日,我们进行一项社会实践活动,通过观察小区单元楼道口的垃圾桶,调研一下小区实行垃圾分类的情况。

第一步,准备工具。
如乳胶手套、口罩、纸、水笔、水桶、抹布、扫把和簸箕。
第二步,制作垃圾分类宣传手抄报。

结合你了解的垃圾分类知识和以前统计到的小区单元楼每天人均垃圾产生量,用彩色水笔制作多份宣传垃圾分类的手抄报。在家长的陪同下,送到楼上楼下的邻居家里,向大家宣传垃圾分类知识。

图2-28: 垃圾分类宣传手抄报

第三步,清洁垃圾桶。

提半桶清水到楼下,帮助保洁工人擦净垃圾桶。用扫把和簸箕将垃圾桶周边散落的垃圾打扫干净。

第四步,做 2 个小时的垃圾分类志愿者。

下午 5 时到 7 时,戴上口罩和乳胶手套,站在楼下垃圾桶边,协助邻居分类倒垃圾。

第五步,用纸和笔记录你的工作。

1. 从垃圾桶里找出可回收物(如塑料瓶)多少件?
2. 协助邻居正确投放厨余和其他垃圾几次?
3. 协助邻居盖好垃圾桶盖子几次?
4. 协助邻居将没有分类的垃圾进行分类几次?
5. 协助邻居处理成分复杂的垃圾(如粘有胶带的快递盒)几次?
6. 协助邻居收集有害垃圾几件?

第三篇　减少垃圾　人人有责

减少家庭生活垃圾的产生

> 垃圾分类可以减少垃圾。在平时的生活和学习中，我们也要养成习惯，树立低碳生活观念，倡导绿色生活方式，从身边的点滴小事做起，做好家庭内外的垃圾减量工作，以个人的小行动，换取环境的大改变。

颖欣同学一家是减少生活垃圾的模范家庭。

奶奶是一位节俭的老人。平时，她对待日常生活用品的态度是反复使用、循环使用，直到不能再用为止，从不舍得随意丢掉。已经拥有或者有替代品的生活用品，她绝不让爸爸和妈妈再添置新的。

妈妈去菜场、超市购物，会带上自己缝制的布袋子，减少塑料袋的使用。购买瓜果、蔬菜时，她尽量选择散装的、新鲜的本地产品，减少包装垃圾的产生，也减少择菜产生的厨余垃圾。家里有一些不再穿的衣服、鞋子，妈妈不会让它们成为垃圾，她会送人或捐赠，让更有需要的人使用。妈妈还利用废旧衣物制作了不少抹布，家里搞卫生就用它，减少了一次性清洁纸的使用。

图3-1： 自制环保购物袋

颖欣同学在学校是用水杯喝水的，不喝矿泉水，就不会产生瓶子垃圾。在学习中，她尽量用活动铅笔写字，减少普通铅笔的使用。全世界铅笔的年产量是 100 亿支，其中 75 亿支铅笔是我国制造的，制造这 75 亿支铅笔至少需要 10 万立方米的木材！

对于草稿纸，她更是做到物尽其用。她一直使用纸的两面打草稿，写满为止，而且还不舍得丢掉，拿回家用来练习书法。她会随身带上便携式筷子和手绢，这样当爸爸、妈妈带她在外面吃饭时就不需要用一次性筷子和餐巾纸了。我国每年消耗一次性木筷子 450 亿双（约消耗木材 166 万立方米）。每加工 5000 双一次性木筷子要消耗一棵 30 年树龄的杨树，全国每天生产一次性木筷子要消耗森林 100 多亩，一年下来总计 3.6 万多亩。

同学之间的节假日、生日祝贺,颖欣会尽量使用电子贺卡,时尚、节约又方便。颖欣同学还会将旧书放在网上平台售卖,也常常送给弟弟妹妹。每学期末,她会带头向学校图书馆捐赠图书,好让图书继续发挥作用。有时候,她也会和同学交换图书阅读。

爸爸也是减少生活垃圾的能手。家里的电子产品全部使用可充电电池,重复充电使用以减少一次性电池的使用量。更换下来的手机、电脑、音响等尚可使用的旧电子产品会在他的淘宝店上架进行二手交易。爸爸一直重复使用快递信封、包装盒、包装袋,每次收到快递后会用刀小心划开,尽量不损坏,以备继续使用。

图3-2: 快递包装物料过度使用引发人们关注

全家外出旅游时,都会带上各自的洗漱用具、拖鞋等,不用酒店里的一次性用品。全家逛街购买商品时,只关注那些绿色包装的商品,拒绝买那些过度包装的商品。

"光盘行动"减少餐厨垃圾

"光盘行动"倡导珍惜粮食,吃光盘子中的食物。"光盘行动"的宗旨:餐厅不多点,食堂不多打,厨房不多做。生活中,养成珍惜粮食、厉行节约、反对浪费的习惯,尽力减少餐厨垃圾的产生。

梓源就读的实验中学通过开展"拒绝餐饮浪费,争当光盘一族"的活动,使"吃光盘中的食物"逐渐成为同学们的共识,并成为同学们的自觉行动。

他们班还专门召开了主题班会,梓源朗读了唐代诗人李绅的组诗作品《悯农二首》:

其一　春种一粒粟,秋收万颗子。　　其二　锄禾日当午,汗滴禾下土。
　　　四海无闲田,农夫犹饿死。　　　　　　谁知盘中餐,粒粒皆辛苦?

图3-3: 光盘行动主题班会

　　同学们还一起观看了介绍"光盘行动"的视频。大家意识到节约粮食、减少垃圾的重要性,明白了饥饿距离我们并不遥远。珍惜粮食、节约粮食是每一个人都应拥有的良好品德,要牢牢记住"粒粒皆辛苦"的道理。同学们还一个个发言,开展了每个人如何节约、避免浪费的大讨论。最后,每一个同学都在"光盘行动"倡议书上签名,决心用实际行动减少餐桌上的剩饭剩菜现象,成为光荣的"光盘一族"。

　　学校提出了"就餐四常规",要求同学们安静排队、适度取餐、文明进餐、杜绝浪费。学校食堂还把饭菜按不同分量和价格细分,方便同学们各取所需。同时,食堂人员在打饭菜时会提醒学生吃多少打多少。绝大多数学生做到了每餐不剩饭、不剩菜,养成了良好的环保和节约意识。

　　学校为每个班级提供了一个剩菜剩饭桶,放在班级用餐区。用餐结束后,有剩菜剩饭的,同学们依次将其倒入桶中,由学校安排的食堂工作人员对每班的剩菜剩饭进行称重,并登记数据。全校 1300 人用餐,以前每天剩余饭菜有 150 多千克,"光盘行动"开展以后,每天剩饭剩菜都在 100 千克以内,餐厨垃圾减少了。

　　学校还要求同学们做好"光盘行动"的宣传使者,从学校、家庭到社会,向他人宣传"光盘行动",希望每个人都能珍惜每一棵菜、每一粒米,通过小手牵大手,让更多的家庭对浪费说"不"。梓源回家后,也认真向父母介绍了"光盘行动",父母非常支持,家人们一起约定:家里吃多少烧多少,少剩菜剩饭,不点外卖,减少一次性餐具的使用;外出就餐时,自觉带上饭盒,将剩菜剩饭打包带走。

你浪费的食物将被记录

> 宜家公司采用智能称技术来减少餐厨垃圾,在雇员向垃圾桶丢弃餐厨垃圾时记录丢弃的重量。通过长时间的数据积累,宜家可以根据数据对餐饮模式做出改变,以减少餐厨垃圾的产生量。

宜家是一家跨国性的私有居家用品零售企业。1943 年,英格瓦·坎普拉德在瑞典创办了宜家。宜家在全球多个国家拥有分店,贩售平板式包装的家具、配件及浴室和厨房用品等商品,在商场里还设有餐厅,方便客人用餐。目前,宜家是全世界最大的家具零售企业。2013 年 7 月 17 日,宜家商场落户宁波。

由于经营家具业务,宜家公司需要用很大的木制包装箱才能保证家具在运输中不会受到损坏。包装箱用后丢弃,浪费严重。后来,一位员工突发奇想,在设计家具时考虑让桌腿活动,运输途中卸下,包装就可以变小了。这样做既减少了包装的浪费,又降低了成本,让利于顾客,宜家家具就更受欢迎了。就这样,尝到甜头的宜家开始将立体包装改成平板包装,并形成了自己的家具设计风格,那就是家具都被设计成可以拆卸,并能用一个很小的平板包装箱装下,顾客拿回家自己能够组装。为了环保和减少成本,宜家使用的包装箱是低成本、可回收的纸箱。

图3-4: 宜家商品采用平板包装

2015 年,宜家公司发现餐厅厨房每天会产生许多餐厨垃圾,浪费现象严重,于是他们专门采购了美国专业的数码称重设备提供商莱茵路公司的一款智能电子秤。莱茵路公司专为宜家改造了产品,使其成为餐厨垃圾桶称重的电子秤。

电子秤被安装在旗下所有门店的餐厅内。在工作人员向垃圾桶丢弃餐厨垃圾时,电子秤会记录下丢弃的重量。电子秤上方有触摸式显示屏,工作人员可以输入被浪费食品的种类,之后就会看到显示屏给出的关于食品成本和碳足迹的信息。

所谓碳足迹,就是用来标示一个人或者团体的碳耗用量。碳就是石油、煤炭、木材等由碳元素构成的自然资源。碳耗用得越多,导致地球暖化的元凶二氧化碳也制造得越多,碳足迹也就越大。每个人在多个方面都会产生碳足迹,用水、用纸、用电、搭乘交通工具、丢垃圾,这些都与碳排放相关,但我们可以想一些方法来减少碳足迹。

图3-5：宜家北京商场员工在厨余智能秤前讨论节约方案

骑摩托车一千米	0.055 千克
搭电梯上下一层楼	0.218 千克
开车一千米	0.220 千克
点一次外卖	0.480 千克
开空调一小时	0.621 千克
丢一千克垃圾	2.060 千克
买一件衣服	4.000 千克

表3-1：碳足迹简单换算表

我们可以算一算自己的碳足迹。如每骑行 1 千米自行车，减少 0.2 千克的碳足迹；少开一天车，减排 6 千克碳；少用一度电，减排 0.03 千克碳；丢 1 千克垃圾，会增加碳足迹 2.06 千克。减少生活垃圾的产生量确实是我们每一天的重要任务。

继续说说宜家。经过长时间的数据跟踪，宜家通过大数据调整食物的采购，以减少餐厨垃圾的产生量。如果发现店铺内某种食品丢弃过多，就会让供应商减少供应量。如果每天某一个时间段会产生某种特定的餐厨垃圾，比如说每天下午两点餐厅会倒掉大量的肉丸子，那么在两点前应减少肉丸子的供应量。

目前，宜家已经在 20% 的门店实施大数据分析的方法，减少餐厨垃圾总产生量约 50%，累计减少餐厨垃圾量将近 40 吨，降低超过 100 万美元的运营成本。

零垃圾的生活方式，四年只产生一小瓶垃圾

> 在纽约，"90 后"女生劳伦·辛格过着一种新颖的生活方式——"零垃圾生活"。她四年的生活垃圾，只用一个 500 毫升的玻璃瓶就装下了。她的秘诀是什么？用 5R 原则生活，即 Refuse（不用）、Reduce（少用）、Reuse（重复用）、Recycle（重制再用）、Rot（归土）。

美国有位叫劳伦·辛格的女子，毕业于纽约大学环境科学系。

在纽约大学读大四时，辛格决定"有意识地尝试可持续的生活方式"。此后，她开始实践这一想法。四年下来产生的垃圾量仅装了 1 瓶玻璃罐。为避免产生任何不必要的浪费，辛格甚至自己制造牙刷、除臭剂以及洗衣粉。后来，辛格成立了自己的环保公司，计划出售她的自制产品。

我们分享一下劳伦·辛格是怎么做到的。

图3-6：四年的垃圾量仅1瓶玻璃罐

辛格拒绝买包装过的产品。她去商店购物时，不购买用纸、玻璃或塑料包装的产品。她会自备罐装容器或袋子去商店盛装无包装的产品，并在农贸市集采购散装的蔬菜和新鲜的水果。

在生活中，她拒绝塑料包装。因塑料类的垃圾无法彻底分解，会对土壤造成长久毒害。劳伦·辛格的包包里随时备有方巾和梅森罐。方巾可以用来包饼干，还可以擦手用，随时洗干净，可反复利用。点一杯饮料，劳伦·辛格有自己的梅森罐（一种带有螺纹铁盖的玻璃罐），就连喝饮料的吸管也是自备。"因为外面的吸管都是塑料的。"劳伦·辛格说。

辛格动手制作属于自己的产品。一开始，她尝试用小苏打粉自制牙膏。之后，当她发现一样东西快用完时，不再到店里买新的，而是设法学习如何自给自足，比如乳液、除臭剂、香水、洗发水等。她总能通过学习，学会制作生活所需。

辛格只买二手货。她不买新衣服，只买二手衣服，没有包装也没有标签，垃圾就不会变得更多。她与他人互换旧的日用器皿、家具等，这样做既便宜又不会制造任何新的垃圾。

辛格过着简单的生活。她只保留那些必需品和真正需要的东西，一些可有可无的、可以替代的物品从不进家门。她认为，当你拥有更少东西，你会更小心呵护它们，会珍惜所拥有的每样东西，不会再随意丢弃它们。

劳伦·辛格说："不过这听起来十分困难，对吧？但我向你保证，这并不难。我只是个平凡又懒惰的人，所以如果很难，我是不会过这样的生活的。事实上，这样的生活方式所带来的好处，远远多于你能想到的缺点。"

有人问劳伦·辛格，"零垃圾生活"的秘诀是什么？

"Refuse（不用），Reduce（少用），Reuse（重复用），Recycle（重制再用），Rot（归土）。"劳伦·辛格说。

用150万个废旧啤酒瓶建造寺庙

> 用垃圾作为材料制作新物品,一方面可以减少垃圾,另一方面可以节约原材料,节约资源,直接有效地应用废物,实现废物资源化。

泰国西萨菊省有个叫"瓦帕马哈切迪凯瓦"的寺庙,位于首都曼谷东北640千米,靠近柬埔寨边境处。当地人将这座寺庙命名为"百万酒瓶寺",俗称"万瓶寺"。寺庙用150万个废旧绿色及棕色玻璃酒瓶历时20余年建成。不简单的是,这150万个废旧酒瓶全部是由寺庙信众捐赠的。

相传寺庙方丈曾嗜酒如命,为此妻离子散,后皈依佛门。他把饮酒看成是一种罪孽,一直用自己的经历奉劝人们少喝酒,并且将酒瓶放在寺庙警示众人。令他没有想到的是,慢慢有信众捐赠酒瓶,而且数量越来越多。寺庙建筑单调,寺庙生活枯燥乏味,大家觉得用酒瓶装饰一下僧舍可以改变环境,结果发现这些僧舍特别漂亮。后来,有更多的信众捐赠酒瓶。随着瓶子越来越多,僧人们想到用瓶子建造寺庙的其他建筑。

图3-7:利用废旧酒瓶建成的寺庙

以后僧人们又用酒瓶建造了宝塔、鼓楼、钟楼。现在,这座寺庙的20座房屋,包括湖边的主殿、火葬场、祈祷室、大厅、水塔、游客洗手间以及僧人宿舍等,全部是用混凝土加酒瓶修建的。

他们计划回收更多的瓶子,用来建造更多的建筑。除了将回收的瓶子用于建造寺庙建筑和设施,瓶盖也不浪费,用来拼成寺庙周围的镶嵌画或者装点佛像。

瓶子建筑不会褪色,光泽又好,在阳光下熠熠生辉,能够提供良好的光照,并且便于清洁,而混凝土做"芯"也确保了建筑物的坚固度。僧人们的这一举措既为当地治理了环境污染,处理了大量垃圾,又创造了一座闻名天下的特色寺庙。现在寺庙已被列入东南亚环保观光旅游名录。

垃圾也能建公园

> 岩石花园又称"垃圾公园",是印度昌迪加尔的奇迹。在这座 10 公顷大小的公园内,城市废料变成了创世佳作。这里既有用电插头做成的墙壁和拱门,也有用煤渣堆积的假山。令人叫绝的是,公园里还安放有近 5000 件用碎陶瓷片、酒瓶盖等堆砌成的小塑像。

印度有个叫昌迪加尔的城市,这是个很有意思的地方,同时兼任旁遮普邦及哈里亚纳邦两个邦的首府。奇怪的是,它并不属于两个邦中的任何一个,而是印度的一个中央直辖区,由中央政府直接管辖。这可能是世界上绝无仅有的。

昌迪加尔城区非常漂亮,功能明确、布局整齐,是法国著名的建筑师勒·柯布西耶以"人体"为象征进行总体规划设计的。全市划分为许多个方格,每个面积约为 1.5 千米×1.5 千米。议会大厦、邦首长官邸、高级法院等坐落在全城最高处,可俯视全城,被当作城市的"大脑";博物馆、图书馆等地处风景区,是城市的"神经中枢";商业中心设在城市纵横轴线的主干道的交叉处,象征城市的"心脏";大学区位于城市西北侧,好似"右手";工业区位于城市东南侧,好似"左手"。这样的布局、规划确实是世间少有的,令人叹为观止。

但是,到昌迪加尔的游客最爱去的地方却是城北的"垃圾公园"。

"垃圾公园"的诞生,要归功于一位名叫列克·昌德的政府公务员的突发奇想。他用工业垃圾铸造雕像。列克·昌德有很好的美术功底,从 1958 年到 1965 年,退休的昌德没什么要紧事做,就每天在城市里梭巡,用自行车把捡到的破烂垃圾驮到什瓦利克山脚下的一个棚子里,拼铸成各种形态的鸟、动物、人形以及抽象的东西,作品越来越多。

到 1972 年,由于城市扩建,昌德的棚子需要拆迁,但这么多的作品又没地方放,这难倒了昌德。当地市长非常有眼光。当他知道这个情况后,不仅找地方将其作品全部保护起来,而且还发给昌德工资,让他继续创造更多的作品。之后,昌迪加尔政府还专门建造了占地 10 公顷的公园,将昌德的作品全数陈列在公园里,并于 1976 年正式将公园向外界开放。

在公园的入口处,你会看到由成千上万只废旧电器插头构成的大块白色墙壁。下面有一条曲径通幽的假山小道,这些全部由煤渣堆积而成。路旁一座水晶宫般的小房子由啤酒瓶搭建而成。路径两侧是近 5000 件用碎陶瓷片、酒瓶盖等堆砌成的武士、舞

图3-8：昌迪加尔垃圾公园

女以及动物雕塑。抽象的艺术让人流连忘返。仔细一看，部分塑像所用的陶瓷片上还清晰地印着马桶品牌的商标。

每年都会有数万名游客慕名参观这个垃圾公园。除了艺术欣赏，垃圾公园本身还有一个更重要的功能，那就是时刻提醒人们保护环境的重要性。这个由岩石、煤渣、废品建起来的花园成了这座城市重要的、值得骄傲的一景。

废物利用真的很简单

> 只要用心，我们可以在日常生活中利用许多废物，或用来制作新的物品，或用来替代其他物品，或用作工具。要实现这样的目标，不需要专门的制作工具，方法也比较简单，但效果却不错。你可以试试！

遥控器收纳盒的制作

选择一个大小合适的快递包装盒。根据遥控器的大小确定收纳盒的高度，用尺子、笔画好线。用剪刀剪掉上半部多余部分，再在侧面开上四个口子，从剪掉的上半部分中剪出两个隔板，将遥控器盒子分成三格，用胶水固定好隔板。然后，选用漂亮的包装纸，剪出比盒子略大的纸样，在纸盒上涂上胶水，小心地将包装纸粘在盒子上。接缝处可以用双面胶粘住，在粘贴的过程中要尽可能让纸张平整，这样比较美观。很快，一个漂亮的电视遥控器收纳盒就完成了。用剪刀剪硬纸板时容易伤手，制作时要注意安全。

图3-9：快递包装盒制作电视遥控器收纳盒

给花瓶换装

如果家里有几个旧花瓶,利用旧袜子就可以给花瓶换装。首先,搜集几双不再穿的旧袜子,厚实一点,并挑选喜欢的纹样。把花瓶放在桌上,尽量找圆柱形花瓶,好让袜子套得上去。剪掉袜子的底部和破损处,然后小心地用针线缝好剪口,要缝得密一点,防止线头松开。只需将袜子套在花瓶的侧面,如果套到花瓶的底部,会造成底部不平,花瓶也就站立不稳了。还可以在袜子上面加一些小装饰,比如漂亮的纽扣等。这样,花瓶就换上了美丽的外套。

图3-10:旧袜子制作装饰用的花瓶套

筷子制作的隔热桌垫

找一些用过的一次性筷子。它们很容易在餐馆中找到。要选择圆滑的、粗壮的、没有裂痕的筷子,洗净备用。底下放四根筷子,两根一组用胶水粘住。然后两端各放一根筷子成正交粘上。待胶水干了以后,以一支中性笔的宽度为间隔,逐次将筷子粘上。注意涂上胶水后不要移动筷子,直到稍干再放手。全部粘完后,再在接缝处涂上一点胶水进行加固。这样,一个可防止容器烫伤桌面的隔热桌垫就完成了。

图3-11:一次性筷子制作隔热垫

废牙刷制作的挂钩

将废牙刷洗净。准备好一盆开水和一盆冷水,将废牙刷一头置于开水中一分钟。待其软化后,戴上手套,迅速用手将废牙刷弯成钩状。用手保持废牙刷形状不变,并把变形的牙刷迅速浸入冷水中,直到冷却变硬再松手。按同样方法,对废牙刷的另一头进行处理。如果弯曲的弧度不理想,可以重复加热—成形—冷却过程,直到做成满意的 S 钩。S 钩可用在许多地方,比如钩在门把手上用来挂雨伞。

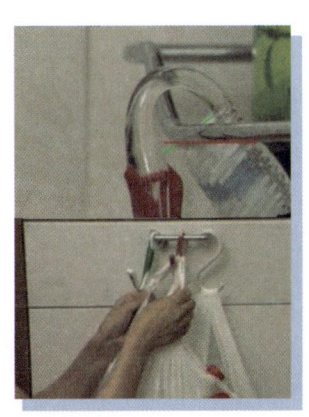

图3-12:废牙刷制作挂钩

简易鱼鳞刷

找一把旧刷子,去掉毛头,再找几个齿完好的啤酒瓶盖。用尺子和记号笔在啤酒瓶盖上标出中心点,用电钻在中心点钻出一个孔。找几枚与孔一样大、长度不超过刷把厚度的螺丝,将啤酒瓶盖拧在刷把上。拧螺丝时,要小心螺丝打滑,以防伤到手。固定好后,在啤酒瓶盖与刷把间的缝隙里滴入胶水,使刷把与啤酒瓶盖结合得更加牢固,不会在之后使用时出现打滑或转动现象。用它来刮鱼鳞,既快捷又安全。

图3-13:啤酒瓶盖制作刮鱼鳞的工具

一个月不用浇水的花盆

找一个大号矿泉水瓶,拧下矿泉水瓶盖,把瓶身上的标签拆下来,方便下一步制作。尽量选瓶身圆柱形、瓶口下面圆锥形的矿泉水瓶,这样做出的成品效果更好些。先用剪刀在矿泉水瓶的"肩头"扎三个孔,再将矿泉水瓶的中间部分剪开。剪的时候,可以用剪刀尖先在瓶的中间扎一个洞,然后顺着这个洞剪一条绕瓶身360度的线,将瓶身分成上下两半。

把处理好的上半部分瓶子倒过来,放入泥土,拧松瓶盖(或者在瓶盖上钻两个小孔),在上半部分瓶子里面种上花。配制好营养液倒入下半部分瓶中,然后把上半部分瓶插入下半部分瓶中,一个能实现自动浇水的花盆就制作完成了。它能保证一个月不用浇水啦。

图3-14:矿泉水瓶制作花盆

漂亮的笔筒

将旧玻璃瓶内外洗净晾干,用胶水在玻璃瓶表面画一个五角星图案。撒上沙子或粗颗粒盐,等干透粘牢固,用彩色自喷漆均匀地喷一遍。待干后,再喷上一遍,以调整颜色,并确保漆有一定的厚度。漆喷的时候,要戴上口罩和手套,地面铺上废旧报纸,周边不要有其他东西。哈,一个漂亮的带图案笔筒就做好了。

图3-15:旧玻璃瓶制作带图案笔筒

雅致的笔筒组

尽量找一本有厚度的旧书，用尺子和美工刀从中间慢慢地裁开。裁的时候，一定要小心，用力均匀，防止美工刀伤手。把裁下来的部分分成五份，用夹子夹住，书脊的位置用一根铅笔作辅助，然后将这五部分展开。用一个细的纸筒作为辅助，将各部分卷起来，再用夹子固定好形状，将多余的部分剪掉，然后涂上热熔胶固定。

等到胶凝固以后，再在侧面的位置涂上热熔胶固定，五个部分就成为五个筒状了。制作过程中，桌面要铺上塑料纸，免得把书粘在桌面上。然后按照底面大小和形状剪裁好卡纸，再用胶把卡纸粘到底面上，待稍干后再刷上一层胶来定型。可以多刷几层胶，会比较牢固。这样，雅致的笔筒组就做好了。

图3-16：旧书制作有文艺范儿的笔筒组

牛奶盒收纳盒

找两个牛奶盒，用尺子画出中线，沿中线剪开，要尽量做到两部分一样高。剪开之后，得到四个小盒子。将四个小盒子洗净晾干。用双面胶将四个小盒子粘在一起，接缝处可以用胶水粘牢。按四个小盒子的尺寸裁剪漂亮的包装纸。将盒子的五个面都涂上胶水，小心地将包装纸包到小盒子上，平整晾干，一个美观而实用的收纳盒就诞生了。

图3-17：牛奶盒子制作收纳盒

有温度的环保袋

找一件旧背心，将它的内层翻出来。确定你想要的手提袋的深度，水平贴上一根胶带，胶带底部就是手提袋的底部。将背心从底部向上剪到贴胶带处，等间距剪开成小布条，上下两层都剪开，并且要剪得均匀。将上下两层布条一对对绑起来，打结要紧，太松会漏底。取下胶带，把手提袋内层翻回去，就是一个漂亮的环保手袋了。制作过程中不需用手缝，难度降低了很多。

图3-18：旧背心制作环保手袋

旧雨伞能变废为宝

> 再昂贵的雨伞，天长日久历经风雨后，也很容易散架、脱线。这个时候，扔了可惜，打伞却不称手了。教你怎么变废为宝吧！可以把旧雨伞做成购物袋、挂钩、小狗窝、晒衣架、灯罩……只要展开想象，它的用处大着呢。

每个家庭都有几把旧雨伞。妈妈要俊峰把坏了的伞投到垃圾桶里，俊峰下楼碰到爷爷散步回来，被爷爷拦了下来。爷爷说，旧雨伞是宝，不能丢掉。爷爷叫上俊峰，一起去楼下的车棚。那是爷爷的"工作室"，里面放了张桌子，有许多工具和材料。爷爷让俊峰做助手，开始了旧雨伞的魔幻之旅。

祖孙二人第一个准备制作的是给奶奶用的购物袋。

他们将伞面取下来，平铺在桌子上，然后对折。爷爷用尺子在伞面上画了两条粉笔线，然后由俊峰沿线剪下来。接着，爷爷戴上老花镜，把裁剪口缝好，又把剪下来的部分做成两条带子再缝到袋子上。最后俊峰将袋子翻个面，就变出一个购物袋了。

这是一个独一无二的、美观又时尚的购物袋。更重要的是，伞面防水，购物袋不怕淋雨，而且伞布比较结实，装东西不怕撑破。奶奶看了非常喜欢。

图3-19：伞面制作环保购物袋

图3-20：伞把制作挂钩

家中玄关处最好能有一排挂钩，用来挂衣服、帽子、包等，进出门时取用方便。所以，下面准备制作的是挂钩。

俊峰用锯将伞把锯下来，然后用锉刀磨平整。爷爷找来一块木板，在上面均匀标好挂钩的位置。爷爷用电钻在伞把上钻好孔，俊峰用螺丝将伞把固定在木板上，一排挂钩就完成了。然后，爷爷翻箱倒柜找到两枚膨胀螺丝，带上电钻，换上钻头直奔楼上。很快，挂钩被膨胀螺丝紧紧地固定在墙上了。

看上去，这是一组实用的挂钩，可以把很多东西挂上去。家人们觉得很合适，俊峰也很喜欢自己参与制作的作品。

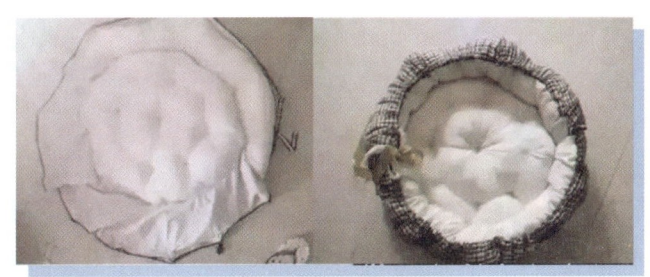

图3-21：伞面制作温馨小狗窝

家里有条可爱的萨摩耶犬，纯白色的。俊峰想为它做个窝，原来的狗窝已经被狗抓破不能再用了，所以他们第三个准备做的是小狗窝。

爷爷将伞面取下来，俊峰从妹妹处找来一根长长的橡皮筋。爷爷将橡皮筋缝在伞面的边缘，又从柜子里找到一个棉垫，将棉垫塞到里面，理一下，一个温馨的狗窝就完成了。俊峰觉得萨摩耶肯定会喜欢自己的新窝的。

图3-22：伞骨制作晒衣架

妈妈想要一个晒衣架，爷爷想了想说可以。

爷爷先让俊峰去小区门口的便利店买了一包晾衣夹子。爷爷选择了比较完整的伞骨，适当修理后，将夹子绑在伞骨的接口处，一个雨伞晒衣架就这样做成了。这个晒衣架收放自如，收起来也不占过多的地方。

最后，爷爷看了看那把超大的彩虹伞，说给妹妹做条裙子吧。雨伞居然还可以做裙子？俊峰真的好佩服爷爷。

彩虹裙子做成了！妹妹一试穿，非常高兴，下雨天她也不怕裙子被雨水淋湿了。

爷爷是怎么制作的呢？拆下伞面，在伞中剪个洞，缝上橡皮筋，是不是很简单？从此，俊峰家就没有扔过旧雨伞。

图3-23：伞面制作裙子

自己动手制作波卡西堆肥

> 波卡西堆肥法没有臭味，可以在室内操作。空间要求小，适合城区家庭。操作简单，只要一个堆肥桶和一包EM活菌制剂就可以，不需要经常翻搅。堆肥原料广泛，所有厨余垃圾都可以拿来堆肥，以此来减少厨余垃圾。

梓源同学家里最近很少往小区的垃圾箱里扔厨余垃圾，大家觉得很奇怪。

原来，梓源跟爸爸一起用波卡西堆肥法处理自家产生的厨余垃圾，将厨余垃圾变成了肥料，用来养花种草。不用花钱买肥料，而且花草养得特别好。

什么是波卡西堆肥？梓源同学介绍说，波卡西堆肥法是琉球大学比嘉照夫教授发明的堆肥法，波卡西的意思为"发酵的有机物"。将能促进发酵的EM活菌制剂混合到厨余垃圾里，存放进密封的发酵容器，经过两个月的缺氧发酵，厨余垃圾就会完全发酵分解成肥料。

图3-24：波卡西厨余堆肥桶

下面我们到梓源同学家里，看看她与爸爸是怎么做到的。

波卡西厨余堆肥桶带有密闭用的盖子，防止异味散发出来。桶分上下两层，中间用镂空的隔板隔开。上层空间用来盛放厨余垃圾，通过混合EM活菌制剂来发酵。下层空间用来收集发酵过程中产生的发酵液。堆肥桶底部有个水龙头，连通下层空间，发酵液可通过水龙头排出。

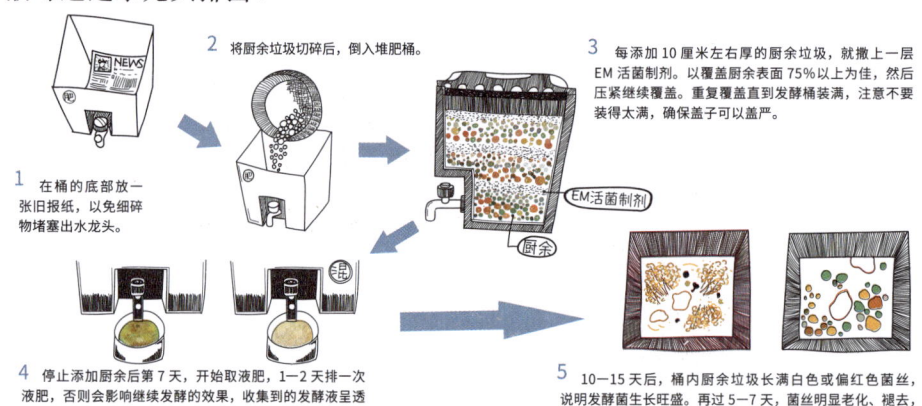

图3-25：波卡西堆肥桶制作步骤

第一步,爸爸从网上买来波卡西堆肥桶和 EM 活菌制剂。在桶底部放一张旧报纸,以免碎物落到下层堵塞水龙头。

第二步,梓源戴上手套,负责将瓜果皮壳等大块厨余垃圾切成小碎块,蛋壳捏成碎末。因为厨余垃圾颗粒越小,发酵面积越大,活菌分解的速度越快,厨余垃圾发酵成堆肥的时间也就越短。

第三步,爸爸将厨余垃圾与 EM 活菌制剂混合后倒入发酵桶内,完全装满上层空间后,就把盖子盖紧,让厨余垃圾在桶内进行密封发酵,波卡西堆肥就制作完成了。

一星期后,可以从堆肥桶底部的水龙头取得发酵液,每隔两天取一次,发酵液兑水以 1:10 比例稀释后可直接浇花、菜和树。波卡西发酵液因含有多种鲜活微生物,能促进污物的分解,所以,还可将发酵液直接倒入下水道,有助于除臭和保持管道通畅。

一个月后,厨余垃圾就成了一种半熟肥,将它取出埋进土里,让它继续发酵一个月,然后肥料就成熟了。

可以用作波卡西堆肥的材料有:

类别	收集对象	处理要点	备注
食材废料	未经烹煮的植物性食物素材,果皮、菜叶、瓜子壳等	体积较大的生厨余垃圾需剪成小块,如西瓜皮、大片叶子	椰子壳与榴梿壳难以腐化,不要放入堆肥箱
剩菜剩饭	烹煮过的剩菜剩饭、面包、面条、饼干等淀粉类、中药渣等	剩饭菜含有油盐糖,务必沥干汤汁、用水冲洗、等水滴干后再使用,体积大的也需处理	
骨头类	各种动物骨头、蚌壳、蛋壳等	分解速度较慢,可先敲碎(越碎越好)再使用	茶叶蛋蛋壳含盐量过高,不适合
饮料类	茶叶渣、咖啡渣、豆粕、牛奶、冲泡式饮品等	注意湿度,尽量沥干后再使用等	
绿色废弃物	落叶、枯花、枯草、细枝等园艺废弃物	体积较大的绿色废弃物需处理成小块	没有施洒农药的植物才适合

让蚯蚓帮我们消灭厨余垃圾

> 你知道吗？一条蚯蚓一天能吃下相当于自身重量的东西！蚯蚓的消化系统堪比机械捣烂器，花草树叶、畜禽粪便、餐厨垃圾、过期食品等，都可以成为蚯蚓的食物。蚯蚓体内有强效催化剂，吃下这些东西后，排出的蚓粪是富含腐殖质的上等肥料。

蚯蚓俗称地龙，又名曲鳝，没有骨骼，没有鼻子，用皮肤呼吸，身体两侧对称，全身蛋白质含量高达70%，也是一种具有清热、息风、平喘、通络、利尿作用的药物。目前已知蚯蚓有2500多种，我国有160多种。达尔文1881年就指出，蚯蚓是世界进化史中最重要的动物类群。

生物老师告诉同学们，蚯蚓最厉害的是它从不挑食。除了玻璃、塑料和橡胶不吃，其余如厨余垃圾、腐殖质、动物粪便、土壤细菌、真菌等以及这些物质的分解产物它都吃。蚯蚓每天的食量相当于自身重量。食物通过消化道，约有一半化为粪便排出。1亿条蚯蚓一天就可以吞食40吨垃圾，而2000条蚯蚓就足以处理好一户普通家庭一年的餐厨垃圾。

用蚯蚓分解厨余垃圾早有先例。1978年，日本建了一个1.65万平方米的蚯蚓养殖场，据说每天处理垃圾达100多吨。2000年的悉尼奥运会上，160万条蚯蚓为奥运村的垃圾处理立下了汗马功劳。香港赛马会每天将40吨马房废物送往废物处理厂，利用8000万条蚯蚓循环再造有机肥料。

在老师的指导下，二年级同学决定在教室养蚯蚓，让蚯蚓处理同学们的剩菜剩饭，并用来生产肥料，供教室里的花草使用。同学们买来了一个三层的蚯蚓养殖箱。上面两层轮流放厨余垃圾，其中一层吃完了，蚯蚓就会从镂空的槽底部钻到另一层去吃。吃完的那一层，只有蚯蚓的排泄物，就可以作为肥料使用了。而底层是液体肥料槽，这个槽就是积攒液体肥料的，底部有个小龙头，可以随时放取液体肥料。

根据老师的建议，他们选择了红蚯蚓。因为红蚯蚓食性杂，不爱外逃。该班级共养了100条蚯蚓。为了使蚯蚓生活在最适宜的温度和湿度下，同学们还买了温度计、湿度表，保证培养箱具有适宜的温度和湿度。

一个月下来，100条蚯蚓消灭了约7.5斤厨余垃圾。同学们非常高兴，感觉收获很大。他们准备增加蚯蚓数量，让它们消灭更多的厨余垃圾。

刚刚安家的蚯蚓请放在中间层

厨余垃圾变成蚯蚓粪后移到底层,新的厨余垃圾添加在顶层

图3-26:蚯蚓堆肥箱

本篇小结

■ 要点回顾

可从多个方面减少家庭生活垃圾的产生,减少浪费、勤俭节约。
日常用具尽量不丢弃,循环、重复使用,减少垃圾产生。
学会利用废旧物品制作日用器具,变废为宝,拓展垃圾新用途。
厨余垃圾可以通过自己动手处理,变成肥料。

■ 问题讨论

1. 为什么爸爸喜欢用可充电电池?
2. 做"光盘行动"的使者,你准备从哪些方面去努力?
3. 算一算:在一周内你的碳足迹是多少?
4. 劳伦·辛格四年仅产生一玻璃罐垃圾,算一算你一天下来的垃圾量是多少。

■ 社会实践

做一做:废纸箱环保垃圾桶

小区的幼儿园需要几个垃圾桶。周日,我们不妨约几个同学,用废旧纸箱为幼儿园制作几个环保垃圾桶吧。纸质垃圾桶有什么优势呢?一方面,纸做的垃圾桶不会伤到小朋友;另一方面,废物得到了充分利用。

第一步,准备工具。
家里的废旧纸箱、封箱胶带、废旧包装纸、剪刀、双面胶、量角器及笔等。
第二步,选取垃圾桶的材料。
找一个纸质较厚、品质较好的长方形纸箱,将其等分成大小相等的 6 份折好。另找一块足够大的纸箱板,剪下两个六边形,用于制作底部和盖子。注意正六角形的每个角是 $180 \times (6-2)/6 = 120$(度),需要用量角器量好。

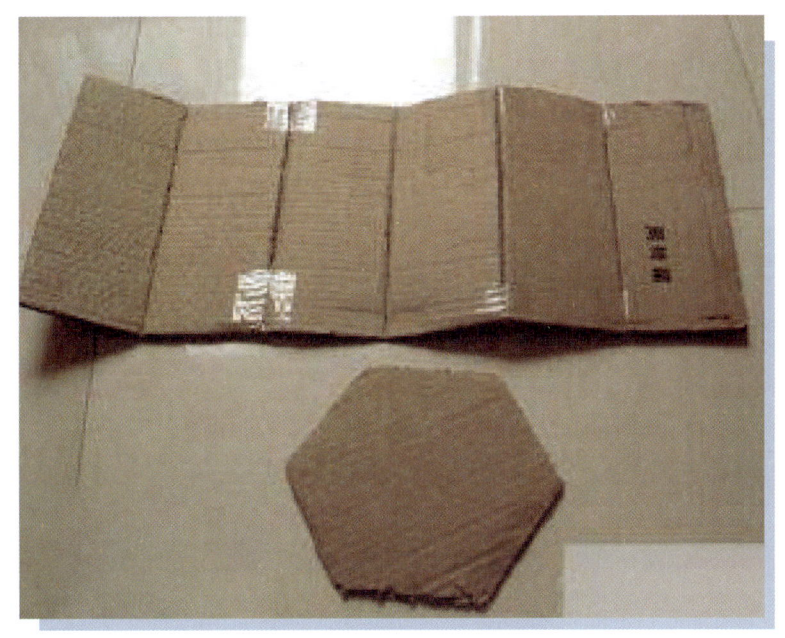

图3-27：废纸箱制作环保垃圾桶

第三步，制作垃圾桶的桶身。

用胶带把长方形纸板沿着六边形粘贴固定。为了防止纸板用一层胶带粘不牢，可以用胶带多缠几层。

第四步，用礼品包装纸进行包装。

这一步比较考验你的审美和手的灵巧性，要粘得平整、仔细些。用漂亮的包装纸把桶身包起来，两端都要留出一点，底部多余部分按住粘在底下就可以了。

如果感觉粘包装纸不容易操作，可以先在桶身贴一些双面胶，这样一面一面地包就容易了。

第五步，大家分工合作。

多做几个环保垃圾桶，送到幼儿园门卫处。小朋友们见到环保垃圾桶，会是什么心情呢？

第四篇　践行分类　环境更美

宁波垃圾分类走在前头

> 根据《住房城乡建设部办公厅关于印发城市生活垃圾分类工作考核暂行办法的通知》（建办城函〔2018〕304号），在住建部2019年对46个重点城市生活垃圾分类工作情况通报中，宁波市获得了总分排名第三的好成绩！

宁波是目前亚洲地区唯一开展垃圾分类有世界银行背景的城市。整个世行垃圾分类处置项目整整投入15.26亿元，其中约有10亿元用于垃圾处理基础设施建设，其余的资金用于垃圾桶袋购买、收运车辆采购、智慧环卫平台建设等。每年免费发放价值4000万元的二维码可降解垃圾袋，投入的钱真不是小数目。

有了世界银行的支持，宁波市成为全国首个拥有完整垃圾分类处置设施的城市，建成了"三厂六站"。所谓三厂，具体是指餐厨垃圾处理厂、厨余垃圾处理厂和生活垃圾焚烧发电厂。建成后的三厂处理垃圾能力不断提升。目前，宁波市餐厨垃圾处理厂日处理量400吨，宁波市厨余垃圾处理厂日处理量400吨，海曙区生活垃圾焚烧发电厂日处理量2250吨。所谓六站，是指分布于宁波市中心城区的六座大型生活垃圾分类转运站，鄞州区有两座，东钱湖、海曙区、镇海区、江北区各一座。因此，宁波市入选了全国50家资源循环利用基地建设单位。

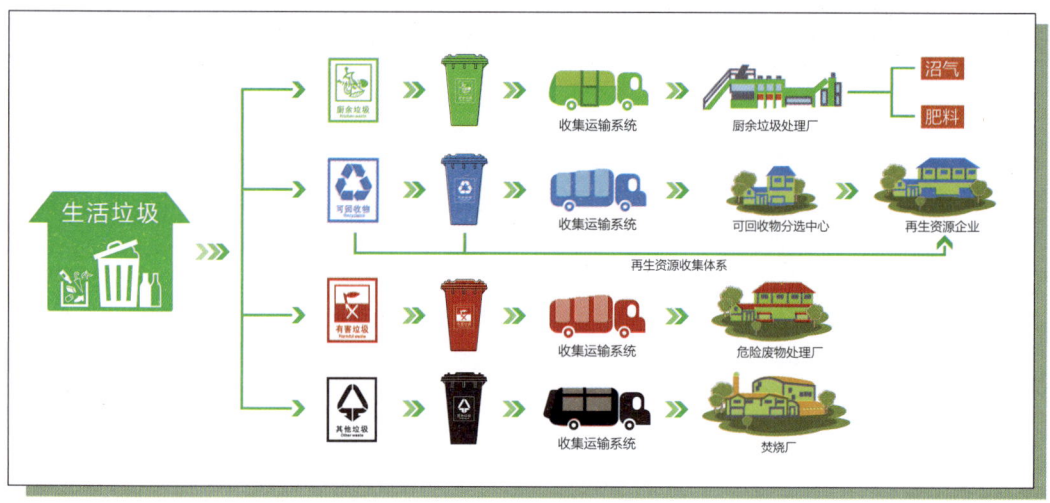

图4-1：宁波生活垃圾处理方式

截至 2019 年年底，宁波市 2282 个城镇小区、各级机关事业单位、机关企事业单位、学校实现垃圾分类全覆盖，农村生活垃圾分类也将在 2020 年年底实现全覆盖。更令人关注的是，垃圾分类知识还被编入 2019 年的中考题目，各科相关分数总共达 79 分之多，包括语文作文 60 分（可选项）、数学 4 分、英语 1 分、科学 4 分、社会 10 分，所占分数、内容广度前所未有。这在宁波教育史上不仅是首例，更是从社会现实的角度将垃圾分类和试题做了很好的结合，在全国起到了示范引领作用。

2019 年修订后的《宁波市餐厨垃圾管理办法》正式实施，同时新建的宁波市餐厨垃圾处理厂投入了运行，这使得宁波市餐厨垃圾工作机制以及回收处理体系得以完善。

宁波市厨余垃圾处理厂是宁波市生活垃圾分类处置的重要组成部分，承担着宁波市中心城区厨余垃圾末端处理重任，是全市推广生活垃圾分类的必要处理设施。宁波市厨余垃圾处理厂对宁波市推行生活垃圾分类具有重大意义，其打造的生活垃圾分类教育中心和绿色建筑科普教育基地还是我市"垃圾去哪儿了"公益环保考察项目的重要组成部分。

图4-2：宁波市厨余垃圾处理厂

图4-3：宁波市餐厨垃圾处理厂

2019 年 10 月 1 日起，《宁波市生活垃圾分类管理条例》正式实施，强制分类时代离我们越来越近。条例明确规定，垃圾未分类的个人将面临最高 500 元的罚款，企业将面临最高 10 万元的罚款，相关处罚还将被纳入征信系统。

能喝咖啡的生活垃圾分类转运站

> 生活垃圾分类转运站是生活垃圾分类转运、辅助生产、配套管理的设施。以海曙区生活垃圾分类转运站为例,转运规模为每天 300 吨,其中厨余垃圾 140 吨,其他垃圾 160 吨,建筑面积达 3153 平方米,其中地上建筑面积 2756 平方米,地下建筑面积 397 平方米。

我们来参观一下位于范江岸路北侧、规划路西侧、蔡江河南侧、双杨河东侧的海曙区生活垃圾分类转运站吧。它外形时尚、漂亮,能够实现垃圾转运过程中对污水、臭气排放的有效管控,不影响周边环境,已形成"楼下运垃圾、屋顶喝咖啡"的工作环境。

图4-4:海曙区生活垃圾分类转运站

转运站的作用是将各生活小区运过来的垃圾集中起来,用专用的运输车运到垃圾处理厂。海曙区转运站采用竖直式压入装箱工艺,就是将各小区收集来的垃圾倒入专用的垃圾容器(专用的垃圾运输车车厢)内并压实,再运往垃圾处理厂进行处理。同时,采用新型的离子氧除臭装置,对转运站车间内部的臭气进行处理,减少臭气排放。

前面提到的专用垃圾运输车,专业名称叫勾臂垃圾车,又称车厢可卸式垃圾车,采用全液压控制操作系统,加装有垃圾厢勾臂倾翻设备,能够将垃圾厢从底盘上搬下来,与底盘分离,一辆车可以配置多个垃圾厢。海曙区生活垃圾分类转运站配了 6 辆大型勾臂垃圾车和 9 个大垃圾厢。

图4-5：勾臂垃圾车

我们继续说垃圾转运的具体过程。勾臂垃圾车进来后，自行将车身上的空垃圾厢搬下，放到专门的位置上，准备接收垃圾。从各小区开过来的装着满满垃圾的垃圾收集车进入中转站后，称好分量，将垃圾倒在放好的空垃圾厢内。压缩设备启动，垃圾厢内的垃圾被紧紧压实，下一辆从小区开过来的垃圾收集车再往垃圾厢内倒入垃圾，再压缩，再倒入，如此反复多次，直到垃圾厢内的垃圾达到最大的装载量。

垃圾厢内垃圾填充完毕，勾臂垃圾车将垃圾厢勾起放到车身上，然后驶离转运站，将垃圾运往对应的垃圾处理厂进行处理。

秀丽的垃圾焚烧发电厂

> 用其他垃圾焚烧发电是指通过特殊的焚烧技术，使垃圾在高温焚烧中产生热能，热能使锅炉产生高温、高压蒸汽，蒸汽通过蒸汽轮机推动涡轮机转动，带动发电机产生电能。发出的电可用于工农业生产和居民生活。

我们来看看地处宁波市海曙区洞桥镇宣裴村的宁波市海曙区生活垃圾焚烧厂。你或许不相信你所看到的！一座现代化的宏伟建筑拔地而起，深红色的外墙上点缀着白色六边形饰块，俨然一个晶莹剔透的"蜂巢"。建筑旁边的塔楼高耸入云，周围群山环绕，景色十分秀丽。你可能不禁会问，这是什么地方？是博物馆，是图书馆，还是美术馆？

洞桥生活垃圾焚烧发电厂很美，它获得了浙江省工业旅游示范基地的称号。洞桥生活垃圾焚烧发电厂的"去工业化"设计、艺术化的外形，使其既有工业建筑的美感，又兼具艺术美学的气质，成为宁波工业旅游地标之一。

图4-6：洞桥生活垃圾焚烧发电厂

下面让我们看看它是如何发电的。

每天清晨4点起，满载着其他垃圾的垃圾运输车从各自的生活垃圾分类转运站出发，依次驶入洞桥生活垃圾焚烧发电厂，将来自宁波海曙、鄞州等区的其他垃圾倾倒进密封的垃圾仓内。这些垃圾将在垃圾仓放置5至7天，进行发酵去水、提高热值。发酵后的垃圾，再由巨大的抓手抓起，投放到燃烧炉内。

垃圾焚烧产生高温，经由余热锅炉回收热量产生蒸汽，带动蒸汽轮机组发电。

除少数电量自用外，多数电量输入华东电网，供给千家万户。听说，每焚烧1吨垃圾，可发电470千瓦时，因此成果是相当可观的。截至2017年12月中旬，这座生活垃圾焚烧发电厂共接纳生活垃圾30多万吨，发电1亿多千瓦时。

洞桥生活垃圾焚烧发电厂采用的是国内最先进、最完备的洁净焚烧技术和超低排放的烟气净化工艺，烟气排放量所遵循的标准优于欧盟2010标准及国家《生活垃圾焚烧污染控制标准》，是国内首个投入运行的超低排放垃圾焚烧发电项目。洞桥生活垃圾焚烧发电厂引入"全开放式工厂"日常管理理念，积极推进项目"颜值最高，排放最低"示范工作，以努力实现生活垃圾的无害化、减量化和资源化处置。它所遵循的产生炉渣、废灰等的环境标准同样高于国标和欧盟标准。

2017年11月21日，该项目还荣获了"中国循环经济2017年度最佳实践奖"，垃圾焚烧行业独此一家！

图4-7：垃圾被投放到燃烧炉内

废纸的重生

> 废纸是日常生活中常见的垃圾之一。每天在生活中都会产生各种各样的废纸,却没有人想到这一张张废纸,经过一道道神奇的工序后竟然能重获"新生",成为一张张崭新的白纸。

废纸是如何起死回生的?我们来到宁波亚洲浆纸业有限公司,一起见证一下神奇的造纸术!

回收的废纸首先会被机器加工粉碎成纸料,然后进入筛选流程,其中的杂质会被筛选出来。第二个步骤是脱墨净化。为了提高纸浆的纯度,对废纸进行脱墨工艺处理,即通过脱墨化学品来破坏印刷油墨对纤维的黏附。在适当的温度和机械外力作用下,将油墨从纤维上分离下来,并从纸浆中分离出去。

图4-8:废纸转化成纸浆

图4-9:涂布上料电脑成纸过程

接下来就是造新纸的流程了。新制成的纸浆会经过多步工艺重新制成纸张。刚刚还堆放着的废纸此时已经焕然一新了。刚造出的新纸还不是它们最后的模样。它们还需要经过一些美化和加工,这就要看涂布上料的流程了。新纸会根据制作厂商的要求通过涂布上料被加工成不同品质的纸张,以便人们使用,是不是很厉害呢?

成品纸以纸卷的形式呈现在眼前。这些纸卷是由刚刚成堆的废纸制成的。接下来,这些产出的纸张会根据厂商的不同需求被加工和分切,形成各种款式的纸张,大的、小的、圆的、方的,应有尽有。

分切好的纸张会继续根据厂商的需求进行平版工艺、印刷工艺等处理,直至形成最后的成品状态,变成大家平日里经常接触到的各种纸制品。

废玻璃蜕变成美丽的玻璃球

> 和以往使用石英砂相比,将废玻璃作为玻璃球的生产原料,一方面产量更高、耗能更少,大大节约了制造成本,另一方面,可以为社会消化废弃物,达到资源再利用的目的,废玻璃利用率达 97% 以上,是真正的变废为宝。

我们丢掉的废玻璃去哪儿了?我们去参观地处宁波市海曙区鄞江镇三星桥 3 号的宁波长利风玻璃制品有限公司,来揭开这个谜团吧。

每天从工厂和社会各个角落收集来的废玻璃被运送至公司,经挑拣杂质、清洗后被送到公司的生产车间。

在废玻璃中添加少量纯碱和澄清剂后,机器将它们自动倒入熔炉中,在 1450 摄氏度的高温下熔化成玻璃液。对玻璃液着色处理后,合格的玻璃液流经喂料池,并从喂料口流出形成料股,也就是长长的、火红的、软软的玻璃棍。

料股机每分钟能将玻璃棍剪出近 200 个小段,接着玻璃小段进入球槽中。球槽是由三个旋转方向相同的辊筒构成的。玻璃小段在辊筒上旋转,并在其自身表面张力作用下,形成一个个光滑圆整的、火红的玻璃球。

火热的玻璃球经一段时间自然冷却后,变成五颜六色的玻璃球,再按客户要求进行包装,之后将会出口至世界各地。

图4-10:光滑圆整的、火红的玻璃球

图4-11:炫彩雨花石

如今,打弹珠游戏逐渐淡出了我们的视野。但在非洲、东南亚等地区,玻璃珠依然是当地孩子的最佳玩具,所以他们的需求非常旺盛。

玻璃珠不仅可作为玩具,还可代替喷漆罐中的钢珠使用,或作为化妆品中的滚珠。废玻璃除能做成玻璃珠外,还能被再生为炫彩雨花石,作为新型建材用于园林、家装装饰。

你知道吗?宁波长利风玻璃制品有限公司每年可以处理废玻璃 27000 吨!

环保燃料的诞生

> 在日常生活中,我们还会产生旧桌椅、旧沙发、旧床垫、木制包装箱、旧地板以及大树枝等大件垃圾。这些大件垃圾体积大、难压缩,常被随意堆放,既影响环境卫生,又存在安全隐患,但现在它们可以成为环保燃料了。

浙江星益环保科技有限公司位于宁波市江北区庄桥街道九龙大道姚家村旁。该厂主要负责处理宁波全大市的部分大件垃圾。

大件垃圾来自各个小区。当居民们丢弃的大件垃圾达到一定数量时,小区物业就会通知星益环保科技有限公司,然后由公司派汽车上门运走。大件垃圾运回后,由工人进行人工拆除分拣,将其中的金属、海绵、布料等杂物剔除,留下木质材料。当然,其中许多是可回收物,会进行回收利用。然后,工厂对分选出的木质材料进行破碎处理,使其形成长300毫米以下的粗颗粒。碎化后的粗颗粒在仓库静置干燥半月左右,再用粉碎机碎化成长3毫米至8毫米的木质细粉。

图4-12:大件垃圾被粉碎机碎化成长3-8毫米的木质细粉

图4-13:生物质颗粒

细粉再进入制粒机,制成生物质颗粒。制成的生物质颗粒经过一段时间冷却后,就可以包装成成品了。生物质颗粒属于环保燃料,其发热量大、热值高,燃烧率98%以上,与煤炭相比,不含不产生热量的杂物。生物质颗粒燃料不含硫磷,不腐蚀锅炉,可延长锅炉的使用寿命,燃烧时不产生二氧化硫和五氧化二磷,因而不会导致酸雨产生,不污染大气,不污染环境。

生物质颗粒燃料清洁卫生、投料方便,燃烧后灰渣极少,极大地改善劳动环境,同时可减少工人的劳动强度,减少企业的劳动力成本。生物质燃料可作为工厂、酒店、学校、宾馆等企事业单位食堂锅炉燃料，其燃烧后的灰烬还可以作为品位极高的优质有机钾肥回收利用，真是不错。

听说星益环保科技有限公司每天能处置大件垃圾约 150 吨，真是了不起。

建筑垃圾重新成为砖瓦

> 建造房子、装修房子的过程中，不可避免会产生一些建筑垃圾。建筑垃圾体积大且重量大，如何合理处理一直是个令人头疼的问题。现在，建筑垃圾可以重新成为砖瓦了。

宁波市海曙顺达墙体材料厂位于宁波市海曙区高桥镇岐阳村。让我们看看它是如何将废弃的建筑垃圾再造为结实耐用的建筑材料的。

来自各小区、商业广场、建筑工地的建筑垃圾，会由各建筑企业、环卫处的车辆或工厂派出去的车辆运送回厂区。

建筑垃圾运回后，经过人工分类分拣，金属、塑料、纺织品、木质材料等被分拣出来，其中可回收利用的，经过压缩打包、整理后进行再生资源循环利用。分选后的纯建筑垃圾，经破碎机进行破碎处理，变成一堆堆细碎的粉末。

这些细粉末再通过配料机、搅拌机、压力制砖机等的多道工序之后，无须焚烧，经自然干燥、蒸汽养护即为成品，之后便可运至各地投入建设使用。

原本令人头疼的建筑垃圾，经过处理，摇身一变成了各类实用的砖瓦建材，如护坡砖、草坪砖、免烧砖、花盆等，再次被用于房屋建筑、绿化建设、园林装饰、水利护坡、路面铺设等多个领域。该厂日处理约 2000 吨建筑垃圾，日生产能力达 20 万块标准砖，产量惊人。

图 4-14：建筑垃圾成了一堆堆细碎的粉末

图 4-15：建筑垃圾摇身一变成了各类实用的建材

搭把手智能回收机

> 智能回收机颠覆传统"破烂王"式回收，开启智能化、市场化新模式。以智慧物联网为核心建设"全品类、全区域、一体化 + 公共服务"全链路回收体系，建立"垃圾分类 + 资源回收"两网融合的宁波模式。

近年来，垃圾分类成为社会时尚。2019 年 7 月 8 日，垃圾分类背景下供销系统城乡再生资源回收体系可持续模式现场会在宁波召开，来自全国 22 个省市相关负责人组团到宁波取经。宁波的"搭把手"项目被赞"全国领先"，具有可持续性和可复制性。"搭把手"团队还收到了英国艾伦·麦克阿瑟基金会的书面邀请，将作为中国唯一的地方实践代表出席在伦敦举办的 2019 循环经济全球峰会。

那么，"搭把手"项目是什么呢？这是宁波供销再生资源科技有限公司研发的"搭把手"智慧一体化回收体系。"搭把手"回收致力于向居民提供全天候、全品类的回收服务，特别是低价值可回收物的托底回收服务。截至 2020 年 2 月，累计完成回收订单超 300 万次，注册会员数超 40 万人，免费服务电话提供咨询和售后服务 2.28 万次，累计回收量 6 万余吨，完成垃圾减量近 4 万吨。

图4-16："搭把手"生活垃圾智慧回收柜

只要下载"搭把手"App，并在回收箱投入一个塑料瓶，App 账户就有 4 分钱实时到账，超过 10 元就可以全额提现。用户还可以通过 App 在线预约大件垃圾和建筑垃圾的上门回收服务。以前"扔都没地方扔"的废玻璃、包装塑料、旧衣物等，现在可以在搭把手智能回收站兑换积分，而攒起来的积分可以换现金。这种可回收物的有偿投售，已经成了很多宁波市民的习惯。

鄞州区姜山镇有宁波市首个"垃圾分类 + 资源回收"再生资源回收体系试点综合分拣中心，宁波各个智能回收机的可回收物需要在这里进行称重、结算、铲运、输送、压缩。比如纸箱类一天的回收量有 40 多吨，这还不包括书本。两次分拣以后，再由半自动液压打包设备压实，一天能完成 20 至 30 包。截至 2019 年年底，我市"搭把手"智慧一体化回收体系已建成 2007 个回收站点，建成 5 个（分别位于海曙、鄞州、北仑、镇海和大榭）、在建 1 个区域综合分拣中心，配套专用收运车 105 辆，服务覆盖居民 100 多万人。

图4-17：鄞州区姜山再生资源分拣中心

垃圾分类宣传一枝花

> 桑奶奶是远近闻名的垃圾分类"宣传一枝花"，走到哪里，就把欢笑带到哪里。桑奶奶年轻时在布厂做宣传委员。那时候，科技还没现在发达，传播工具也比较单一，桑奶奶就和同事们通过快板、歌舞的形式宣传党和国家的政策。

快板是一种传统说唱艺术，属于中国曲艺韵诵类曲种，从宋代贫民演唱的"莲花落"演变而成。快板表演方式简单，有单口、对口、群口三种表演方式。表演时演员用竹板击打节拍，一般只表演说理或抒情性较强的短篇节目。

据说，快板是由明太祖朱元璋发明的。朱元璋从小死了爹娘，只身挨户乞讨度日。但是朱元璋喊叫声音非常难听，于是人们不准他在门前喊叫。如何乞讨？他忽见地上有两块牛骨，急中生智，边敲打牛骨边挨户讨要。人们每闻门前有牛骨声至，就将剩的食物拿至门前送给朱元璋。这两块牛骨就是最早的快板，后来人们用敲击声更响、更容易制作的竹板代替牛骨。

在宁波翠南社区有位桑香凤老奶奶，小区大多数人都认识她。她为人热情、开朗，虽只读到小学三年级，但她凭借强烈的兴趣和好学精神，做起宣传来得心应手，获得的奖状、奖杯都有满满一箱了。桑奶奶是个快板好手，一直以来都热心于社区文艺工作，创作了许多歌颂新宁波的说唱剧本，很受观众的欢迎。"唱一唱，宁波的好，宁波实在好……"这种自编的快板，桑奶奶即兴就可来上一段。

2016年，桑奶奶第一次接触垃圾分类，就明白这是件好事，保护了环境，也利于下一代。她说要为垃圾分类出一分力。为了让更多的人，尤其是年纪大的居民了解怎么垃圾分类，桑奶奶动起了脑筋。她主动找到社区，把垃圾分类知识编成节目。垃圾分类对桑奶奶来说是个全新的领域。为此，她仔细研读社区发放的《宁波市生活垃圾分类指导手册》，遇到不明白的便向社区工作人员咨询，经过反复修改，以垃圾分类为题材的《四桶争功》快板台本终于成型。

之后，桑奶奶又找上翠南社区文宣队的老伙伴，打扮起佐罗造型，经过多次排练，一出抓人眼球、生动易懂的垃圾分类快板节目就诞生了。如今，桑奶奶和伙伴们每个月都会在宁波各个小区表演这个节目，很多居民都说，听完朗朗上口的快板，就记住了不同垃圾到底怎么分。

图4-18："宣传一枝花"桑奶奶

面对这位神采奕奕的老人，你不会猜到她曾是医生直言"救不活"的癌症患者。1996年，桑奶奶不幸被查出患了直肠癌，凭着骨子里的一股硬气和乐观的心态，做了三次化疗之后，她就再也没有吃过一粒抗癌药，一直坚持自我康复。

她就像一轮火热的太阳，永远有使不完的热情和精力。桑奶奶说，自从上次参观了海曙区生活垃圾焚烧发电厂，又有了新灵感，计划排一出跌宕起伏的家庭喜剧，台本都想好了。

垃圾分类义工之星

> 作为鄞州区丹顶鹤社区的一员，陈爷爷乐于助人、热心公益，平时投身于社区垃圾分类志愿服务活动，是宁波城管义工之星。街坊邻里谈起他时都交口称赞。他的肖像曾经还被印在宁波市垃圾分类系列公益海报上，甬城的大街小巷都能看到他作为垃圾分类宣传员的形象。

"义工"是英文volunteer的中文译法，也叫志愿者，起源于19世纪西方国家宗教性的慈善服务，在世界上已经存在和发展了100多年。义工就是为了服务社会，核心精神是自愿、利他、不计报酬。联合国把每年的12月5日定为世界义工日，目的是鼓励全球各地政府及团体，于当天共同表彰义务工作人员对社会所做的贡献，并借此提醒社会人士积极支持及参与义务工作。

图4-19：宁波城管义工之星陈爷爷

宁波有一位城管义工之星叫陈国荣，住在丹顶鹤社区。陈爷爷年轻时，在部队里先后担任后勤车管助理、运输助理等职务，还曾作为南京军区代表应邀参加建军五十周年的庆祝大会。陈爷爷作为一名老党员，退休之后仍秉承党性，积极响应党的号召。自丹顶鹤社区于2015年8月实施垃圾分类工作起，陈爷爷便踊跃投身于社区垃圾分类志愿服务活动。

陈爷爷带领40多名志愿者坚持这项公益事业已4年有余，每天风雨无阻，轮流值守在小区的垃圾投放点。截至目前，累计服务时长达1万多小时。

社区住着一位语言障碍人士，每次倒垃圾时，陈爷爷都会亲身示范，用肢体语言告诉他如何进行垃圾分类。数次之后，这位语言障碍人士也学会了垃圾分类。陈爷爷每次见到他都会竖起大拇指！为了解每家每户的具体落实情况，陈爷爷还细心地将社区垃圾分类情况登记成册，做到一月一统计。与此同时，他还积极发动居民签订垃圾分类承诺书。

为了让垃圾分类这一环保意识更加深入人心，陈爷爷还编了一首《垃圾分类拍手歌》。不仅如此，他还到各处进行垃圾分类知识的宣讲，让更多的人认识到垃圾分类的重要性。陈爷爷还曾获得中国城市环境卫生协会颁发的"优秀社会志愿者"这一光荣称号。

在社区党委的高度重视及陈爷爷等志愿者的辛勤付出下，丹顶鹤社区多次获得市级垃圾分类优秀社区、示范小区、全国文明单位等荣誉称号。根据调查问卷数据分析，该社区居民垃圾分类知晓率达 98%，垃圾分类参与度达 95%，垃圾分类准确率达 90% 以上。陈爷爷用自己的实际言行号召更多的人关注和践行垃圾分类，希望能看到更多的人加入这个队伍，为垃圾分类献出自己的一份光和热！

寓教于乐的高级讲师

> 邓老师作为镇海区蛟川双语小学的德育处副主任兼大队辅导员，以寓教于乐的多样化形式将垃圾分类与同学们的学习及生活紧密结合起来，引导、教育每个同学积极投入垃圾分类的学习、宣传和实践中来。

教育部办公厅等六部门发布《关于在学校推进生活垃圾分类管理工作的通知》（以下简称《通知》）。《通知》指出，到 2020 年底，各学校生活垃圾分类知识普及率要达到 100%，要逐步建立包括生活垃圾分类知识教育的生态文明教育长效机制，根据不同年龄段学生的认知水平和成长规律，将生活垃圾分类知识融入教材，并与课堂教学内容有机结合。

《通知》强调，要广泛采取讲故事、做游戏、知识竞赛等活动形式，利用挂图、黑板报、宣传橱窗、校园网站等宣传阵地，开展丰富多彩的生活垃圾分类主题宣传教育活动。在生活垃圾分类知识进教材、进课堂的基础上，每校每学年至少组织一次以生态文明教育和生活垃圾分类为主题的宣传教育活动，着力提高广大青少年学生的生活垃圾分类和资源环境保护意识，使学生从小养成勤俭节约、垃圾减量、低碳环保的行为习惯，引领整个社会的良好氛围。

蛟川双语小学有一位英语老师，叫邓琦。他英语教得好。课堂上，他思维缜密、教学严谨。生活中，他风趣幽默、不拘小节，像个大哥哥一样与孩子们打成一片。不仅如此，他还有一个身份，就是"宁波垃圾分类市级讲师团"的高级讲师！

前不久，邓老师还导演了垃圾分类脱口秀《吃货特烦恼》，与学生们一起上台表演。脱口秀的灵感来源于央视的一档公益节目，其中一个情节给邓老师留下了深刻印象：垃圾被投放到错误的垃圾桶中，便会从垃圾桶中弹出。

图4-20："垃圾分类市级讲师团"高级讲师邓老师

邓老师经过一番思索，结合自己的日常爱好"吃"，衍生出"吃货"不知如何进行垃圾分类的创意点子。这一生动有趣的表演不仅获得现场评委及观众的一致好评，还在"垃圾分类讲师风采大比武"中荣获一等奖，邓老师也被评为"宁波垃圾分类市级讲师团"高级讲师。

在这之后，他还与学校里的志愿者团队组建了一支宣传和践行垃圾分类的队伍——"排头兵"。"排头兵"通过开展多种多样的义工志愿活动，对孩子们产生潜移默化的影响，使他们从小养成垃圾分类的好习惯。在垃圾分类工作开展中，邓老师以宣传、演讲及活动等各种形式，将垃圾分类的种子埋在了学生们的心中。

对于今后垃圾分类工作的开展，邓老师说，学校将开设垃圾分类宣传周，定期推出垃圾分类小活动，例如变"废"为宝后的作品以义卖形式献爱心、制作垃圾分类宣传报、撰写垃圾分类研究小报告等，并以班级或学校为单位进行分享，努力实现"教育一个孩子、带动一个家庭、文明整个社会"的良好目标。

■ 本篇小结

■ 要点回顾

在垃圾分类行动中,宁波扎扎实实建基础设施,实实在在做实际工作。
分类后的垃圾通过转运站转运,根据不同的类别被运到各处理厂进行无害化处理。
分类后的许多垃圾变废为宝了,并且可回收物实现了智能回收。
垃圾分类行动中涌现了许多民间"英雄"。

■ 问题讨论

1. 请对你居住小区的垃圾分类工作提些建议。
2. 为什么要建立生活垃圾分类转运站?
3. 厨余垃圾目前有生物分解、提取油脂和制取沼气发电等处理形式,你觉得各有什么优缺点?
4. 总结一下搭把手智能回收机的特点。
5. 你认为是什么力量促使桑奶奶、陈爷爷和邓老师成为垃圾分类先进?

■ 社会实践

看一看:宁波的垃圾去哪儿了

读了前面的内容,你一定清楚了垃圾收集起来以后是怎么处理的、去哪里处理的。我估摸着你想到垃圾处理厂的现场去看看。宁波市城管局生活垃圾分类管理中心于2013年正式启动"垃圾去哪儿了"公益环保考察项目,该项目还获得了2017年中国人居环境范例奖。

项目将分类小区、垃圾转运站、厨余垃圾处理厂、生活垃圾填埋场、生活垃圾焚烧厂、生化处理厂、可回收物分拣中心等生活垃圾分类处置相关设施串联在一起,安排成不同线路,邀请市民亲身参与和体验,近距离认识并感受垃圾分类。此外,还在一些社区设立了生活垃圾分类宣教基地及旧物改造工作室,市民可以通过报名参加,见证废旧物品从"腐朽"到艺术品的神奇历程。

方式一:邀请家长或老师与你一起报名参加"垃圾去哪儿了"公益环保考察项目。

第一步,用手机关注"宁波垃圾分类"微信公众号,微信号是nbljfl。

第二步,进入右下角的"我们"菜单,点击"垃圾去哪儿报名"链接。

第三步,填写好联系人、联系电话和参观人数、参观日期、居住区域等信息,就有机会去考察垃圾处理厂。

方式二:联系属地的生活垃圾分类管理办公室,参观生活垃圾分类处置相关工厂。

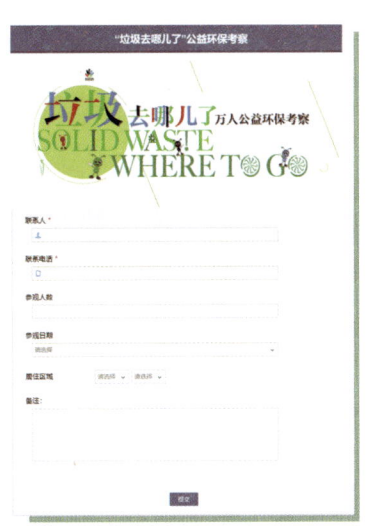

图4-21:"垃圾去哪儿了"公益环保考察项目报名页面

部门	联系电话
宁波市生活垃圾分类指导中心	87952285
海曙区生活垃圾分类管理办公室	89297446
江北区生活垃圾分类管理办公室	87382573
镇海区生活垃圾分类管理办公室	86661867
北仑区生活垃圾分类管理办公室	86781306
鄞州区生活垃圾分类管理办公室	28909679
奉化区生活垃圾分类管理办公室	89293524
余姚市生活垃圾分类管理办公室	62703614
慈溪市生活垃圾分类管理办公室	63883510
宁海县生活垃圾分类管理办公室	59983896
象山县生活垃圾分类管理办公室	89507282
高新区生活垃圾分类管理办公室	89289142
东钱湖生活垃圾分类管理办公室	89284057

图4-22:生活垃圾分类管理办公室联系方式

图书在版编目(CIP)数据

垃圾分类知多少 /《垃圾分类知多少》编委会编
. — 宁波：宁波出版社，2020.3（2020.11重印）
ISBN 978-7-5526-3786-1

Ⅰ.①垃… Ⅱ.①垃… Ⅲ.①垃圾处理—中学—课外读物 Ⅳ.① G634.983

中国版本图书馆 CIP 数据核字（2019）第 280331 号

垃圾分类知多少
LAJI FENLEI ZHIDUOSHAO

《垃圾分类知多少》编委会　编

责任编辑　　陈　静	责任校对　　邵晶晶　周真渝

装帧设计　　麦尔肯视觉设计机构
出版发行　　宁波出版社（宁波市甬江大道 1 号宁波书城 8 号楼 6 楼　315040）
印　　刷　　宁波市大港印务有限公司
开　　本　　787mm×1092mm　1/16
印　　张　　6.25
字　　数　　109 千
版次印次　　2020 年 3 月第 1 版　2020 年 11 月第 3 次印刷
书　　号　　ISBN 978-7-5526-3786-1
定　　价　　28.00 元

版权所有，侵权必究